AF332808

LIBRAIRIE DE MICHEL LÉVY FRÈRES
RUE VIVIENNE, 2 BIS.

LE
ROI DE LA LUNE

VAUDEVILLE LUNATIQUE EN CINQ ACTES ET SIX TABLEAUX

PAR

MM. XAVIER DE MONTÉPIN ET JULES DORNAY

REPRÉSENTÉ POUR LA PREMIÈRE FOIS, A PARIS, SUR LE THÉATRE DU LUXEMBOURG, LE 4 OCTOBRE 1865.

DISTRIBUTION DE LA PIÈCE

COCO-FÉLÉ XXIV, *Roi de la Lune*	MM. DETROGES.
CAPRICORNE	BERGEY.
GÉDÉON	DESROT.
VALENTIN	PÉRON.
GIBOYEUX	BERNARDI.
BING	
TÉLÉMAQUE	VERDIER.
LE NOTAIRE DE LA LUNE	
M. ANASTASE	VIVIEN.
LINOTTE	Mmes H. CAVALIER.
BÉRÉNICE	LOUISA.
URANIE	MINNE.
LA ROSE	MOYSE.
LE MIRLITON	
LE PIED D'ALOUETTE	ANNA.
LA CLARINETTE	
L'AMOUR	ALICE.
LA CLOCHE	
LA BELLE DE NUIT	JULIETTE.
LE LILAS	PERNET.
LE TAMBOUR	
LA VIOLETTE	
LE CHAPEAU-CHINOIS	ZOÉ.
ASPASIE	
UN JARDINIER	
LA CAPITAINE DES GARDES	
ROSE	JENNY.

PREMIER GAMIN	Mmes EUGÉNIE.
LA SURINTENDANTE DES CUISINES	
LA PIVOINE	
MARIE	
ADÈLE	FÉLICIE.
LA CRÉCELLE	
LE PAVOT	
ARTHÉMISE	YVONNE.
LE FLAGEOLET	
LE BLUET	
DEUXIÈME GAMIN	GRAY.
LE COQUELICOT	
LA CYMBALE	
SALAMMBO	JEANNE.
LA GROSSE CAISSE	
LA GUITARE	BRASSEUL.
LA MARGUERITE	
L'AMARANTHE	LÉONTINE.
FINETTE	
LE MYOSOTIS	CLÉMENTINE.
LE COR	
FRISETTE	FLORENTINE.
LE TRIANGLE	
LE SOUCI	BLANCHE.
LA CAPUCINE	CARMEN.

ACTE PREMIER

Premier Tableau

L'intérieur d'une vaste tente toute bariolée d'affiches sur lesquelles on lit : Train de plaisir aérien. — Voyage dans la lune. — Plus lourd que l'air. — Poisson volant à hélice, etc. Au centre de la tente est suspendu le navire aérien en forme de poisson fantastique peint des plus vives couleurs, orné de tentures, de banderolles, muni d'une machine à vapeur pour la manœuvre de l'hélice et d'une nacelle pavoisée.

SCÈNE PREMIÈRE

M. ANASTASE, ASPASIE, ROSE, ADÈLE, ARTHÉMISE, FINETTE, FRISETTE, PREMIER GAMIN, DEUXIÈME GAMIN, puis TÉLÉMAQUE et SALAMMBÔ.

(Au lever du rideau les curieux se pressent autour du navire aérien.)

CHŒUR.

Air : Lucrèce Borgia.

O prodige!
S'il se dirige,
Jamais, vous dis-je,
L'on ne verra
Tel spectacle!!!...
C'est un miracle!!
Au pinacle
Il s'en ira!!!...

M. ANASTASE. C'est absurde!
ARTHÉMISE. Ça n'a pas le sens commun.
ROSE. C'est insensé!
ADÈLE. C'est du délire!
M. ANASTASE. C'est un attrape-nigauds!..
PREMIER GAMIN. Une balançoire à faire poser les badauds!
M. ANASTASE. C'est-à-dire que l'autorité ne devrait pas permettre de se moquer du public de cette façon! c'est crier aux gens, tout simplement, qu'ils sont des idiots, des brutes, des imbéciles!...
ASPASIE. Vouloir s'enlever dans l'air sans ballon, avec une lourde machine, quelle prétention!... ça fait hausser les épaules...
ARTHÉMISE. Et penser que tout Paris se dérange pour venir examiner cette mécanique ridicule!...
DEUXIÈME GAMIN. Et que nous y sommes nous-mêmes!... tas de crétins!.. c'est de la platitude;

(Télémaque et Salammbô paraissent à droite.)

SALAMMBÔ. Télémaque, toi qu'es porté pour être caporal, rapport à ton *induction*, explique-moi donc voir un peu, pour voir, si tu peux, ce que c'est que cette grosse chose-là...
TÉLÉMAQUE. Que je le peux, Salammbô, et que je vais le faire illico... pour lors que c'est-z-une machine qui n'est ni plus ni moins qu'un ballon, toutes fois et quantes sans en être un, pour lors qu'elle est indéfinissablement la même chose, sauf qu'elle est tout le contraire, elle se propose de couper subséquemment l'herbe sous le pied de toutes les autres espèces de ballons nadariennes, qui vont subsidiairement voltiger dans les airs.
SALAMMBÔ. Si c'est possible!
TÉLÉMAQUE. Naturellement... et que c'est, comme qui dirait, un chemin de fer *Algérien*.
M. ANASTASE. Aérien.
TÉLÉMAQUE. Vous dites, monsieur le civil?
M. ANASTASE. Aérien.
TÉLÉMAQUE. Algérien... Aérien... que c'est la même chose... *(À Salammbô)* De quoi que ça se mêle, ce civil?
SALAMMBÔ. Ça vole!..
TÉLÉMAQUE. Que c'est fait exprès, Salammbô...
SALAMMBÔ. Ça ressemble à un poisson...
TÉLÉMAQUE. Que c'en est une imitation particulière et allégorique pour exprimer le sentiment du poisson qui n'est pas aussi bien à son affaire dans les airs que dans la rivière.
SALAMMBÔ. Et on va loin avec ça?
TÉLÉMAQUE. Kilométriquement parlant, que ça doit aller jusque dans la lune.
SALAMMBÔ. Dans la lune!! par exemple!!
TÉLÉMAQUE. Même que c'est un train de plaisir pour aller visiter cette contrée. Que c'est là, oh! Salammbô, que je voudrais, avec une permission de huit jours, en passer quinze à tes pieds.
SALAMMBÔ. Télémaque... contiens-toi...
TÉLÉMAQUE. Que je ne puis me contenir... que je suis militaire et volcanique... Et que, sous les feux de la lune, j'éprouve le besoin de te dire ceux qui me dévorent au milieu des bois et dans le silence de la nuit.
SALAMMBÔ. Oui, Télémaque.
TÉLÉMAQUE. Que ma baïonnette elle en danse dans son fourreau, avec un plaisir inaltérable.
SALAMMBÔ. Oui, Télémaque.
TÉLÉMAQUE. Oh! Salammbô!
M. ANASTASE. Décidément, plus j'examine ce poisson volant, et plus je reste convaincu que cette bizarre machine est l'œuvre d'un échappé de Charenton.
ASPASIE. Quel peut être le crétin qui dépense aussi sottement son temps et son argent?...
FINETTE. C'est un fou!...
PREMIER GAMIN. C'est un toqué.
TOUS. Oui! oui! un toqué!

SCÈNE II

LES MÊMES, CAPRICORNE.

(Capricorne est vêtu en cocodès de la plus haute futaie... Il a le binocle sur le nez, le cigare aux lèvres et le stick à la main.)

CAPRICORNE. Cet échappé de Charenton, ce crétin, messieurs, ce fou, ce toqué, mesdemoiselles, c'est votre serviteur!...
TOUS. Lui!!
TÉLÉMAQUE. Que c'est un particulier huppé, tout de même... pas vrai, Salammbô?...
SALAMMBÔ. Il a du chic!...
CAPRICORNE. Oui, mesdemoiselles, oui, messieurs, c'est moi, c'est bien moi, et malgré vos railleries, malgré votre incrédulité, je soutiens que rien n'est plus facile que d'aller dans la lune...
ARTHÉMISE. Y faire un trou?
TOUS, riant. Ah! ah! ah!
ARTHÉMISE. Et de faire marcher les ballons?
CAPRICORNE. Non-seulement de les faire marcher, mais de les diriger selon son désir malgré le vent et la tempête.
ASPASIE. Décidément, c'est un rêveur...
M. ANASTASE. C'est un utopiste.
ROSE. C'est un fou!
CAPRICORNE. Oui mesdames, un fou... mais pour moi ce titre de fou est un titre d'honneur.

Air nouveau de M. Thomas.

Les fous sont les rois sur la terre!
Béranger a-t-il dit en vain
« Honneur au fou qui ferait faire
» Un rêve heureux au genre humain. »
Ce sont les fous qu'on emprisonne,
Les fous qui meurent en luttant;
Oui, mais l'avenir les couronne
Quand ils sont morts en combattant!
Sans cesse effrayés des obstacles
Et d'anciens préjugés remplis,
Nous ne croyons à leurs miracles
Que lorsqu'ils se sont accomplis.
Nous trouvons le progrès utile,
Mais nous le redoutons beaucoup,
Et comme rire est très-facile
Tout d'abord nous rions de tout.
Nous avons ri de Galilée.
Nous avons ri de *Saint-Simon*.
Et l'Amérique signalée,
L'Europe riait de Colomb.
Rire, voilà ce que l'on aime,
Et dans le siècle où nous vivons;
On a ri de la vapeur même
Comme vous riez des ballons.
Riez, si telle est votre envie;
Mais aussi répétons souvent :
Gloire au fou qui risque sa vie
Pour dire au progrès : en avant!
Sur terre, en mer, dans les nuages,
Il est prêt à mourir pour vous,
Et si vous admirez vos sages,
Vous devez adorer vos fous.

CHŒUR.

Les fous sont les rois de la terre
Béranger n'a pas dit en vain :
« Honneur au fou qui ferait faire
» Un rêve heureux au genre humain. »

ASPASIE. C'est une cascade!....
ARTHÉMISE. Une balançoire!....
CAPRICORNE, saluant. Cette aimable gaîté m'enchante!...

faites-vous du bon sang. Eh! mon Dieu! je ne demande pas mieux! vous vous dites: ce bonhomme-là possède un poisson rouge dans son bocal...

ROSE. Oh! oui!

CAPRICORNE. Vous comptez sans votre hôte, messieurs, sans votre admirateur, mesdemoiselles... pas de poisson rouge... j'ai la foi, j'ai la conviction, j'ai bien mieux que cela, j'ai l'expérience... et tout à l'heure quand vous verrez cette lourde machine s'élever dans l'espace et fendre les airs avec la vitesse d'une locomotive. (Il imite le bruit de la vapeur et du piston.) Il vous faudra bien vous écrier: miracle! miracle! alors vous comprendrez ce que j'ouvre d'horizons nouveaux avec cette hélice piscinante, vous comprendrez ce que je vous donnerai d'incompréhensibles merveilles... suivez-moi bien...

AIR: *Du voyage aérien.*

Ce ballon, mes seules amours,
En montant glisse avec vitesse;
Il fend l'air et monte toujours!
Dans la nue il entre sans cesse
Les anges, les oiseaux surpris,
Feront un bacchanal étrange,
Lorsque les cieux seront remplis
De boursiers et d'agents de change.

Hommes, femmes, vieillards, enfants,
Tous coiffés de mon auréole,
Montent comme des cerfs-volants,
Toute l'espèce humaine vole!
On se dira journellement,
Plus haut que les tours Notre-Dame,
Bonjour papa, bonjour maman,
Bonjour monsieur, bonjour madame.

Comme du ciel on descendra
Dans l'asile où l'on vous héberge,
C'est sur les toits que l'on mettra
Toutes les loges de concierge.
Les dangereux chemins de fer
Seront rendus à la culture,
Plus aucun vaisseau sur la mer,
Dans Paris, plus une voiture.

Et quand les voleurs voleront,
Volant aussi par ce système,
Alors les gendarmes pourront
Voler après les voleurs mêmes.
Bref, on ne sera plus surpris
Quand les cœurs changeront de flammes,
Et dans le ciel tous les maris,
Laisseront voltiger leurs femmes.

CHOEUR
Ce ballon, ses seules amours,
En montant, glisse avec vitesse;
Il fend l'air et monte toujours,
Dans la nue il entre sans cesse!

M. ANASTASE. Oui, si nous le voyons ce sera drôle... mais par malheur, nous ne le verrons pas...

CAPRICORNE. Eh! croyez-vous donc que j'en sois à mon coup d'essai? Croyez-vous que je n'aie pas déjà fait fonctionner mon poisson volant? Erreur, messieurs, je suis coutumier du fait... j'ai traversé cent fois les nues... j'ai frappé à la porte de toutes les planètes... celle de Mars m'a fait bon accueil... celle de Vénus n'a rien eu de caché pour moi! et la lune, la lune elle-même, a tressailli sous le talon de ma botte vernie.

TÉLÉMAQUE. Que vous avez été dans la lune, M. le civil?

CAPRICORNE, le contrefaisant. Que j'en arrive, jeune guerrier... j'y ai passé un mois tout entier, au milieu de plaisirs et de divertissements variés et inépuisables!... ah! si vous connaissiez comme moi cette terre de délices... On y mène une existence luxuriante et totale, à nulle autre pareille!... c'est là que je veux finir mes jours!... je m'y suis fait construire un châlet modèle et j'ai acheté, argent comptant, quatre millions de mètres de terrain, à vingt-cinq centimes le mètre.

M. ANASTASE. Que vous allez sans doute diviser et vendre par lots!...

CAPRICORNE. Allons donc, monsieur! allons donc! Je vise plus haut!... je ne suis pas un vulgaire spéculateur!... je veux bien m'enrichir, je veux bien décupler, centupler mes capitaux, mais en me rendant utile à mes semblables, et j'atteindrai ce but avec mon grand projet d'horticulture pratique.

M. ANASTASE. Vous allez faire de l'horticulture dans la lune?

CAPRICORNE. Parfaitement, mon cher monsieur, parfaitement! suivez-moi bien!... Savez-vous quel est le cœur du monde?

M. ANASTASE. C'est Paris...

CAPRICORNE. Paris n'en est que la tête... le cœur... le véritable cœur, c'est le coton.

ROSE. Le coton.

M. ANASTASE. Ah bah!

CAPRICORNE. Suivez-moi bien!... vous, monsieur, vous portez du coton sur votre tête en forme de bonnet... madame votre épouse porte du coton dans son corset... en forme de... suffit.

AIR: *Du verre.*

Impossible de le nier,
C'est un utile auxiliaire,
Quiconque voudrait s'en passer,
Se montrerait bien téméraire.
Il en faut pour donner du ton
Aux jambes les plus vigoureuses;
Tout ici-bas n'est que coton... } bis
Même... les mollets des danseuses.

-mouchoirs de coton, draps de coton, foulards de coton, papier de coton, satin de coton, fulmi-coton, jarnicoton!... tout est coton, coton partout!

M. ANASTASE. Ce monsieur est très-littéraire... il parle comme un livre.

CAPRICORNE. Suivez-moi bien!! nous avons vu, n'est-il pas vrai, pendant la guerre d'Amérique, le coton devenir inabordable!... Vienne une crise nouvelle, et les femmes des millionnaires pourront seules se permettre le luxe d'une jupe en cotonnade! j'ai vu le mal... j'ai cherché le remède, et j'ai eu l'idée sublime d'acclimater les cotonniers dans la lune.

TÉLÉMAQUE. Que ce n'est pas si bête que vous en avez l'air.

CAPRICORNE. Je suis de l'avis du sage qui disait: rien n'est fait tant qu'il reste quelque chose à faire! mes cotonniers croissent et prospèrent, mais j'ai besoin de blanches mains de femmes pour dévider leurs blanches toisons. — Je m'adresse donc à la plus belle moitié du genre humain... La lune n'est pas si loin qu'on le croit... J'offre aux jolies Parisiennes encore célibataires une large part dans mes bénéfices!... Voilà ma voiture, mesdemoiselles... montez et votre fortune est faite...

AIR: *De Turenne.*

Allons, mesdames, du courage,
N'hésitez pas un seul instant;
Voyez quel charmant équipage;
Faites choix d'un compartiment
Dans mon léger poisson volant...
Parlez, je n'en repousse aucune...
Vous ferez le voyage à l'œil!...
Soyez prise d'un noble orgueil,
Vous allez monter dans la lune.

TOUS. Aller dans la lune!... merci!...

CAPRICORNE. La richesse s'offre à vous, mesdemoiselles, ne la refusez pas!... Dans la lune tout est grand, tout est beau, tout est plantureux! allons-y!

TÉLÉMAQUE, aux visiteurs. Que c'est un blagueur qui se moque de nous, que je le présuppose... (Rire général.)

CAPRICORNE. Allons, mesdemoiselles, l'heure approche, la machine va chauffer... sitôt complet, nous partirons, faites-vous inscrire! n'hésitez pas! c'est pour la lune!... un voyage d'agrément et d'utilité!... Confortable de première classe... fortune garantie en moins d'un an. (Tirant un portefeuille de sa poche.) Je vais prendre les noms des voyageuses!... (Silence général) Ne parlez pas toutes à la fois...

FINETTE. Monter là-dedans, ah! par exemple, pas si sotte.

FRISETTE. Quelle occasion!... il n'en faut pas!... (Tout le monde rit.)

CHOEUR.
Air: *J'ai un pied qui r'mue!*
Ah! tu n'voudrais pas
Nous enl'ver dans ta machine!...
Ah! tu n'voudrais pas,
Nous éloigner d'ici-bas!...

ARTHÉMISE.
Vot' poisson, disons-le franch'ment
Est un poisson d'désagrément!...

FINETTE.
Pour y monter, faudrait êtr' fou...

ROSE.

Et vouloir s' fair' casser le cou.

CHŒUR.

C' polisson
D' poisson
N'est pas de la saison,
Ma vieille!...

ASPASIE.

C' polisson
D' poisson
Est un poisson
D'avril mon bon!

CHŒUR.

Ah! tu n' voudrais pas, etc., etc.

Après le chœur, sortie générale. Télémaque et Salammbô sortent les derniers en répétant à Capricorne : *Ah! tu ne voudrais pas!*

SCÈNE III

CAPRICORNE, seul; suivant les visiteurs jusqu'à la porte. Eh! bien!... eh bien!... quoi, pas une demoiselle! pas une seule! On me tourne le dos et on s'en va!... mais c'est infect!... ah! saperlipopette, tout va mal!... (Il revient en scène.) Je suis perdu! je suis déshonoré!... Oui! oui! le mot n'est pas trop fort! (Au public.) Et vous allez savoir pourquoi... d'abord et avant tout, je vous dois une confidence... le coton n'est qu'une bourde... (Tirant sa montre.) Combien me reste-t-il de temps! Ah! diable! plus qu'un quart d'heure (S'approchant du Poisson volant.) Chauffeurs! nous partons dans un quart d'heure!... (Prêtant l'oreille du côté du public, comme si en l'interrogeait.) Hein?... (Revenant à la rampe.) Qui je suis? vous allez le savoir... vous me prenez pour un cocodès, n'est-il pas vrai? Eh! bien, parole d'honneur, vous vous mettez l'index dans l'œil!... non, je ne suis point ce que vous croyez, malgré ce costume ridicule qui me donne l'air d'un Ouistiti endimanché... Je ne suis même point un homme... je suis un lunatique... je me nomme Capricorne, vicomte du Zodiaque, et vous voyez en moi l'un des confidents de Coco-Fêlé, 24° du nom... (Il salue.) Vous ne connaissez pas Coco-Fêlé? C'est le roi de la lune, mon maître... (Il salue de nouveau.) Pourquoi, par son ordre, je suis venu sur la terre? Voici : Coco-Fêlé frise la cinquantaine... le célibat le fatigue... la fantaisie le laisse indifférent... l'imprévu n'a plus de charmes pour lui... Il veut prendre femme; mais par malheur il ne possède dans ses États lunaires que des beautés d'une vertu trop élastique... Comme le roi d'Yvetot, bien connu dans l'histoire, il est adoré de ses sujettes; hélas! trop adoré, car elles se jettent à sa tête avec une facilité flatteuse, mais déplorable au point de vue conjugal; et mon noble maître, ne pouvant songer à mettre sur le front d'aucune d'elles la moitié de son croissant, languit et dépérit, faute d'une compagne vraiment digne de s'appeler madame Coco-Fêlé! Dans cette situation difficile, j'ai résolu de tenter un coup d'éclat... Je suis hardi, ambitieux, entreprenant, j'ai promis au roi de la lune d'apporter remède à sa situation s'il voulait m'autoriser à descendre sur la terre, s'il me donnait un passe-port pour Paris... un mois devait me suffire, et j'ai pris l'engagement solennel de ramener au bout de trente jours dans le palais de Coco-Fêlé, des vertus de premier ordre, garanties sans retouches, comme les photographies de Nadar. Mon illustre maître a consenti, malgré l'opposition d'Uranie, sa conseillère intime et mon ennemie non moins intime... il a signé mon exéquatur, je suis venu et me voici!... Tous les honneurs, toutes les grandeurs, toutes les richesses m'attendent au retour, si j'ai réussi... mais, en revanche, si je remporte ma veste, les humiliations, les vexations et les punitions fondront sur moi dru comme grêle!... Telle que vous me voyez, je frissonne!... la veste se dessine à l'horizon... le jour est imminent!... il ne me reste plus que quelques minutes à passer sur la terre, et je n'ai pu décider la moindre jouvencelle à faire en ma compagnie le voyage de la lune. Paris, la banlieue, Nanterre, et la plaine des Vertus m'ont refusé leur contingent de rosières!... J'ai proposé des engagements magnifiques à ces dames des petits théâtres, si elles voulaient monter là-haut et jouer la résistance... elles m'ont répondu que ce n'était pas leur emploi!... Je ne sais plus à quelle crinoline me vouer! Si le hasard ne vient à mon aide à l'instant même Uranie est victorieuse, le roi la nomme premier ministre, et moi Capricorne, vicomte du Zodiaque, je suis frit comme un éperlan!

SCÈNE IV

CAPRICORNE, VALENTIN, BÉRÉNICE.

VALENTIN, au dehors. Par ici! par ici!

CAPRICORNE. Hein? Qu'y a-t-il?
(Valentin entre vivement avec Bérénice.)

BÉRÉNICE, très-émue. Nous sommes perdus.

VALENTIN. Non... non... n'aie pas peur!

CAPRICORNE. Quels sont ces deux effarouchés!...

VALENTIN, apercevant Capricorne. Monsieur... monsieur... nous n'avons d'espoir qu'en vous.

CAPRICORNE. Monsieur!

VALENTIN. Vous êtes gentleman, monsieur! au nom du ciel sauvez-nous!

CAPRICORNE. Je ne demande pas mieux, mais quel péril vous menace?

VALENTIN. Vous le saurez... mais cachez-nous d'abord... cachez-nous vite...

BÉRÉNICE. Il y va de notre bonheur, de notre amour...

CAPRICORNE. Le bonheur, l'amour... ça me connaît et ça m'intéresse. (Désignant la nacelle de la machine.) Jeunes gens, entrez-là!

BÉRÉNICE et VALENTIN. Là?...

CAPRICORNE. Entrez donc et soyez sans crainte!
(Au moment où Bérénice et Valentin viennent de disparaître dans la nacelle, Giboyeux entre en scène, il est haletant.)

SCÈNE V

CAPRICORNE, GIBOYEUX.

GIBOYEUX, saisissant Capricorne au collet. Ah! je te tiens donc enfin, séducteur, suborneur, ravisseur?

CAPRICORNE. Hein! au secours! à la garde! vous m'étranglez!

GIBOYEUX, reculant. Ce n'est pas lui!...

CAPRICORNE. Si, monsieur, c'est moi, mais ce n'est pas moi, que diable!

GIBOYEUX. Oui, monsieur, c'est vous... mais ce n'est pas vous... mille excuses... j'ai la tête à l'envers... je vous prenais pour un autre coquin.

CAPRICORNE. Monsieur?

GIBOYEUX. Un drôle, monsieur!... un scélérat! les avez-vous vus?...

CAPRICORNE. Qui?

GIBOYEUX. Le traître et l'infidèle, ma fiancée, monsieur, et le paltoquet qui me l'enlève!

CAPRICORNE, à part. Ah! bon! j'y suis.

GIBOYEUX. Ils allaient fuir ensemble, tous les deux, l'un avec l'autre, par le chemin de fer du Havre.

CAPRICORNE. Bah!

GIBOYEUX. Mais j'avais des soupçons, je veillais, monsieur!

CAPRICORNE. Oui.

GIBOYEUX. Je suis arrivé à l'embarcadère avec mon futur beau-père au moment où le ravisseur et sa complice demandaient au guichet deux billets de première classe.

CAPRICORNE. Vous avez mis la main dessus?

GIBOYEUX. A notre aspect ils ont pris la fuite.

CAPRICORNE. Ah!

GIBOYEUX. Je les ai suivis de toute la vitesse de mes jambes.

CAPRICORNE, à part. De cerf.

GIBOYEUX. Et ne les ai perdus de vue que tout près de cette tente. Les avez-vous vus, monsieur?

CAPRICORNE. Personne ne s'est infiltré céans!...

GIBOYEUX. Mais alors, je suis coulé!... je suis fumé! je suis aplati!... Ils m'échappent, ils me distancent, ils ont une avance énorme! Je ne les rattraperai, jamais! Oh! si, oh! si, je les rattraperai!... quand je devrais faire le tour du monde et même celui des Batignolles.
(Il sort en courant.)

SCÈNE VI

CAPRICORNE, BÉRÉNICE, VALENTIN.

CAPRICORNE, riant. Oh! de par mon saint patron Capricorne, la bonne tête, le curieux original!

VALENTIN, BÉRÉNICE, sortant de la machine. Monsieur, vous êtes notre providence.

CAPRICORNE. J'ai tout compris; ce bonhomme est un gêneur, n'est-ce pas?

VALENTIN. Oui, vous avez compris, homme intelligent et dévoué, ce gêneur est le fantôme du cauchemar au milieu des nuages bleus de notre amour, car nous nous aimons, Bérénice et moi, ou plutôt nous nous adorons!... Vivre l'un sans l'autre ce serait vouloir pêcher des grenouilles au milieu du Champ-de-Mars! Son amour...

Air : *Un homme pour faire un tableau.*

Son amour, j'en fais le serment,
Est la flamme de ma chandelle.

Il est le raisin d' mon sarment,
Le tourtereau d' ma tourterelle,
Il est pour moi, ne moins, ne plus,
Que la plume est à la volaille,
C' que l' cheval est à l'omnibus,
Et ce que l'huître est à l'écaille.

BÉRÉNICE. Oh! oui.

VALENTIN. C'est que vous ne connaissez pas Bérénice, vous, monsieur!

CAPRICORNE. Charmante! yeux... nez... bouche... menton port... teint, taille. Très-réussie! très-réussie!...

VALENTIN. Ce n'est rien que tout cela, monsieur!... un cœur... et sage et modeste et sauvage même! une perle sans tache, monsieur!... un trésor! un bijou! un ange!...

BÉRÉNICE. Oui, monsieur, oui; mais papa...

VALENTIN. Un vieux serin, monsieur.

BÉRÉNICE. Veut me marier à cet olibrius que vous avez vu et qui se nomme Giboyeux.

VALENTIN. On me le préfère parce qu'il a des Mouzaïa et des ports de Landernau... Quelle petitesse.

CAPRICORNE. Jeunes gens, vous m'intéressez, parole d'honneur.

BÉRÉNICE. Oh! monsieur.

CAPRICORNE. Oui, vous m'intéressez comme un chapitre palpitant de roman-feuilleton... Il me semble que je lis le *Journal pour tous.*

VALENTIN. Vous êtes bon, monsieur! La pâte de jujube elle-même envierait votre bonté! Bérénice est à moi désormais, et c'est à vous que je la dois! à vous seul! Le Giboyeux est dépisté... Nous allons partir!

BÉRÉNICE. Nous quitterons Paris.

VALENTIN. Nous irons sur une terre étrangère, dans une autre patrie...

BÉRÉNICE. Y chercher le bonheur...

VALENTIN. Une chaumière et ton cœur! Oh! nous serons de jeunes mortels écrasés de jubilation; n'est-ce pas, Bérénice?

BÉRÉNICE. Oh! oui; Valentin!

VALENTIN. Nous effeuillerons les marguerites des prés en nous disant des choses tendres... nous cueillerons des bluets dans les blés, nous élèverons des singes et des perroquets, et nous leur apprendrons à nous aimer et à nous appeler papa et maman, n'est-ce pas, Bérénice?

BÉRÉNICE. Oh! oui, Valentin.

CAPRICORNE, à part. Quelle idée! je commence à croire que la déveine se lasse et qu'Uranie n'est point encore victorieuse.

VALENTIN, poussant un cri. Ah!

CAPRICORNE, BÉRÉNICE, faisant un saut. Quoi?

VALENTIN. Au milieu du tohu-bohu de notre fuite et de la poursuite de Giboyeux, nous avons oublié, au chemin de fer, Gédéon et Linotte.

BÉRÉNICE. C'est ma foi vrai, quelle distraction!

VALENTIN. Oh! monsieur, je vais de nouveau mettre à contribution cette bonté qui vous distingue, soyez plus que jamais pâte de jujube à notre égard.

CAPRICORNE. Parlez, jeune Chactas.

VALENTIN. Le temps de voler jusqu'au chemin de fer.. côté du départ... et je reviens... veillez sur Bérénice pendant mon absence.

CAPRICORNE. Sur elle!...

VALENTIN. Oui. Je vais récolter mon groom, la soubrette de mademoiselle, et je reviens porté sur les ailes de l'Amour!..

CAPRICORNE. Allez! allez! allez! prenez tout votre temps! je veille!...

VALENTIN. Bérénice! Mon sang pour cet homme et mon cœur pour toi!... Avant cinq minutes je vous presserai tous deux sur mon sein palpitant!

CHŒUR.

AIR : *Débuter à l'Opéra.*

VALENTIN.

Je reviens dans un instant,
Veillez bien sur Bérénice;
Que le ciel me soit propice,
Je m'en vais le cœur content.

CAPRICORNE, BÉRÉNICE.

Il revient dans un instant;
Je veill'rai }
Il veill'ra } sur Bérénice;
Que le ciel lui soit propice;
Il s'en va le cœur content.

(Il sort. Bérénice le suit des yeux.)

SCÈNE VII

CAPRICORNE, BÉRÉNICE.

CAPRICORNE, à part regardant Bérénice. Jolie, modeste, sage et même un peu sauvage! oh! Coco-Pelé XXIY, voilà ton affaire et la mienne! A toi cette jouvencelle... A moi la récompense et les honneurs! Il faut que la petite me suive! Elle me suivra...

BÉRÉNICE. Je ne le vois plus. Il a disparu.

CAPRICORNE. Ne craignez rien, poulette innocente et tremblante, ne suis-je pas là pour vous protéger?...

BÉRÉNICE. J'ai peur! si Giboyeux allait revenir! si mon papa allait trouver nos traces.

CAPRICORNE. Jeune colombe effarouchée, je comprends à merveille l'émoi qui vous agite! votre père est une touffe d'orties qu'il faut extirper du jardin de votre existence, et le Giboyeux me semble une herbe non moins malfaisante qu'il faut aussi couper par la racine.

BÉRÉNICE. Est-ce possible?

CAPRICORNE. Oui et non. Non, si vous restez livrée à vous-même. Oui, si je m'en mêle! Car moi seul puis mener à bien la tâche difficile de vous débarrasser de ces deux chiendents.

BÉRÉNICE. Vous?

CAPRICORNE. Oui, jeune sauvagesse parisienne, moi seul ai le pouvoir de vous soustraire aux recherches d'un père impossible et d'un Giboyeux vexatoire.

BÉRÉNICE. Vraiment.

CAPRICORNE. Je vous en donne ma parole de gentilhomme.

BÉRÉNICE. Vous le ferez, n'est-ce pas, monsieur? oh! dites-moi que vous le ferez! Vous êtes si bon!

CAPRICORNE. Une pâte de jujube... c'est connu! eh bien! oui, belle ingénue, je le ferai; mais, à une condition...

BÉRÉNICE. Laquelle?

CAPRICORNE. C'est que vous aurez confiance en moi; c'est que vous m'accepterez franchement pour allié.

BÉRÉNICE. Si j'ai confiance en vous, monsieur!...

AIR : *Du piège.*

Votre voix à mon cœur tremblant
Parle un langage qui le charme.

CAPRICORNE.

Ce n'est point par un faux-semblant
Que je veux calmer votre alarme.

BÉRÉNICE.

Je vous crois, et calme j'attends
Quand votre voix me dit : Espère.
Car, monsieur, quand je vous entends,
(Pleurant.) Il m' semble que je vois ma mère,
Vraiment je crois revoir ma mère.

CAPRICORNE. Délicieuse naïveté? (Haut.) Jeune fille, ce mot parti du cœur me décide. Oui, vous pouvez compter sur moi... je vais vous emmener en certain lieu où tous les Giboyeux du monde ne sauraient vous atteindre.

BÉRÉNICE. Où donc?

CAPRICORNE. Mademoiselle, connaissez-vous la lune?

BÉRÉNICE. Cette question! vous m'effrayez!

CAPRICORNE. Apaisez les battements de votre joli petit cœur, et répondez : connaissez-vous la lune?

BÉRÉNICE. De vue seulement.

CAPRICORNE. Eh bien. Je vais vous faire faire connaissance plus intime avec elle!

BÉRÉNICE. Avec la Lune?

CAPRICORNE. Avec la Lune. Car, c'est pour la lune que nous allons partir.

BÉRÉNICE, effrayée. Ah! c'est un fou!

CAPRICORNE. Pas plus que vous! je suis riche et puissant dans ce pays lointain et mal jugé! je vous ferai riche et puissante.

BÉRÉNICE. Dans la Lune?

CAPRICORNE. Parfaitement, les routes aériennes qui lui servent d'avenues me sont familières. Regardez-moi, jeune fille, et ne doutez pas... je suis sérieux comme le public du Vaudeville (Riant.) quand il écoute *les Deux Sœurs.* Décidez-vous!... Le temps presse. Il faut accepter ou refuser... mais vous accepterez!

BÉRÉNICE. Jamais!

CAPRICORNE. Pourquoi?

BÉRÉNICE. Parce que j'aime Valentin et que pour rien au monde je ne me séparerais de lui!

CAPRICORNE, à part. Ah! diable! Impossible de briser l'obstacle... Il faut le tourner... (Haut.) Eh bien! mais qui pense à vous séparer?... personne... Nous emmènerons Valentin.

BÉRÉNICE, sautant de joie. Oh! mais, alors, c'est bien différent.

CAPRICORNE. Avec lui consentirez-vous à partir?

BÉRÉNICE. Ah! je crois bien, et je voudrais être déjà en route!

CAPRICORNE. Il ne s'agit donc plus que de le décider et je m'en charge. (A part.) Une fois dans la Lune, je saurai bien les séparer.

VALENTIN, au dehors. Par ici! Entrez! Entrez! venez vite!

BÉRÉNICE. C'est lui!

(Valentin rentre avec Linotte et Gédéon.)

SCÈNE VIII

VALENTIN, CAPRICORNE, BÉRÉNICE, GÉDÉON, LINOTTE

Gédéon entre en traînant une valise énorme, et un sac de nuit monumental; Linotte porte une pile de cartons et de boîtes à chapeaux.

GÉDÉON. Eh ben! Excusez! en voilà un métier de cambrioleur! De la maison de monsieur à la gare et de la gare dans ce local avec un pareil chargement! merci!

LINOTTE. C'est à mettre l'hippopotame en sueur! J'ai les jambes dans le creux de l'estomac! Je demande une chaise ou n'importe quoi pour reposer... ma tête.

GÉDÉON. Je suis entré au service de monsieur pour cirer les bottes vernies de monsieur et pour porter... c'est-à-dire pour brosser les habits de monsieur et non pour transvaser des colis... Si ça doit continuer, que monsieur me paie un commissionnaire à la journée.

VALENTIN. Allons, allons, tais-toi, mauvaise tête!

GÉDÉON. Faut respecter sa livrée! je ne connais que ça: Sommes-nous arrivés, au moins?

VALENTIN. Oui, et nous allons nous tracer un itinéraire.

GÉDÉON. Je réclame le chemin de fer.

LINOTTE. Oui... oui... le chemin de fer! Ah! ça! où sommes-nous ici?

GÉDÉON, voyant le poisson volant. Qu'est-ce que c'est que cette bête-là?... Un merlan en fer-blanc?

LINOTTE. Imbécile... c'est une baleine.

CAPRICORNE, s'avançant. Plantureuse soubrette, c'est le chemin de fer demandé par vous.

LINOTTE. Ça un chemin de fer! Oh là! là!...

GÉDÉON. Ah! par exemple elle est mauvaise! nous ne sommes pas des oies, ma petite poule, faudrait voir à ne point vouloir nous faire prendre un faux-col pour un gilet de flanelle! Ah! non, jamais...

CAPRICORNE. Je ne veux vous faire prendre que le chemin de la liberté et donner à votre maître et à votre maîtresse les moyens infaillibles d'éviter les poursuites de leurs persécuteurs, gêneurs et autres raseurs! (Montrant la nacelle de la machine.) Montez là-dedans et ne vous inquiétez plus de rien.

GÉDÉON. Dans ce grand panier à bouteilles! plus souvent! n'y allez pas, monsieur! n'y va pas, Linotte! Ça a l'air d'un moulin à café!... Et ça ferait de vous de la poudre insecticide.

CAPRICORNE. Jeune ahuri, écoutez et ne jugez pas sans avoir entendu.

LINOTTE. C'est vrai, mais donc ton bec. Parlez, jeune homme, nous vous écoutons... Allez-y, soyez éloquent et surtout n'en dites pas trop long.

VALENTIN, qui vient de causer avec Bérénice. Ah! ce que Bérénice vient de m'apprendre est-il donc vrai, singulier personnage?

CAPRICORNE. Parfaitement vrai.

GÉDÉON, à Linotte. Qu'est-ce qu'elle lui a mâché?

LINOTTE. Silence dans les rangs, Patrouillard!

VALENTIN. Vous êtes un habitant de la Lune?

LINOTTE. Hein! Qu'est-ce qu'il chante?

VALENTIN. Et vous pouvez nous conduire dans cette planète?...

CAPRICORNE. Rien ne m'est plus facile.

LINOTTE. Ce n'est pas une bourde?

CAPRICORNE. Non! Parole d'honneur!

LINOTTE, avec transport. Je vais voir la Lune! quelle chance! (A Gédéon.) ...beaucoup (...)

GÉDÉON. ... Ah! Rien n'est sacré pour un sapeur...

L'astre des nuits que tant j'admire
Quand j'suis à ton bras, les jeudis,
C'monsieur m'offre de m'y conduire
Sans que ça m'coûte un radis,
C'est le chemin du paradis! (bis.)
Ainsi j'vais partir pour la Lune,
En route qu'on n'm'arrête pas!!
L'occasion est opportune,
De se montrer, voilà le cas!

P'têtr' bon qu'là haut je f'rai fortune,
Je vais voir la...
Je vais voir la Lune, mon gas!...

Oh! bon jeune homme, roi, gandin de l'astre des nuits, laissez-moi vous embrasser! (Elle embrasse Capricorne.) Oh! j'ai donc embrassé un Lunatique! c'est entendu! Je pars avec vous.

VALENTIN et BÉRÉNICE. Oui, oui, nous partons tous!

GÉDÉON. Ah! mais non, ah! mais non, je ne m'en vais pas; moi je reste!... Aller dans la lune, merci!...

LINOTTE. Alors tu passes au bleu tes serments, tu trépignes sur l'amour que tu m'avais juré?...

GÉDÉON. Je ne passe rien au bleu; et je me trépigne ni peu ni beaucoup... mais je n'aime pas voyager si haut!

LINOTTE. Dans ce cas, adieu! je pars sans toi!

GÉDÉON. Linotte! tu ne feras pas ça! songes que tu es le soleil de mon cœur...

LINOTTE. La Lune sera mon soleil, à moi! Suis-moi, ou l'amour est à l'eau! La lune et Linotte! Pas de lune, pas de Linotte! L'une ou l'autre, voilà mon ultimatum!

GÉDÉON. Mais, malheureuse Linotte, on vous floue, on vous met dedans!! La Lune, c'est un pays en l'air.

LINOTTE, à Capricorne. Voyons, ne nous induisez pas, vous, jeune étranger; est-ce un pays chic?

VALENTIN. On y boit, on y mange?

BÉRÉNICE. On y est heureux?

CAPRICORNE. Je n'ai que ceci à vous répondre:

Air: As-tu vu la comète.

La Lune, mes enfants,
Est un vrai pays de Cocagne!
La ville et la campagne
Y sont pleins de mille agréments.
On trouve à chaque pas,
Cabarets où l'on verse
Du bon vin, qu'une averse
Ne déshonore pas;
Et l'hôte du logis,
Sans craindre la ruine,
Vous offre sa cuisine
Et n'en veut pas le prix,
Amis, vous le voyez,
On peut, là-haut, la poche vide,
Comme aux jardins d'Armide,
Vivre sans bourse délier.
Là, point de procureur,
De greffier, ni de juge,
Ni procès, ni grabuge,
A propos d'une erreur.
Dans ce pays heureux,
On ne connaît point la chicane,
On ignore l'Arcane
Du timbre et des dossiers poudreux!
On ne paie pas d'impôts,
Pour les griffons et les caniches,
Qui peuvent, dans leurs niches,
Se lever tard, se coucher tôt.
Chez nous, point de cordon,
Ni de propriétaire,
Car chaque locataire
Habite sa maison.
Enfin loin des jaloux,
Dans sa beauté sincère et fraîche,
La femme est une pêche,
(A part.) Mais c'est une pêche à deux sous!...

TOUS
La Lune, mes enfants, etc.

TOUS. Bravo!

LINOTTE. J'en ai déjà la pépie.

GÉDÉON. C'est des mensonges!

CAPRICORNE. Et c'est dans le palais même du Roi de la Lune que je vous conduirai! C'est à la table de Coco-Fêlé que je vous ferai asseoir.

LINOTTE. A la table de Coco-Fêlé! Je veux voir son Coco! Je pars plus que jamais.

VALENTIN. Moi aussi!

BÉRÉNICE. Moi aussi!

GÉDÉON. Et moi, je reste! — Linotte! Linotte!.. Tu ne partiras pas!! je t'aime! je t'idole!

LINOTTE. Si tu m'idoles, suis-moi!

GÉDÉON. Oh! les femmes! Elles sont notre perdition! Dire que j'ai peur de partir et que je n'ai pas le courage de rester!... (A ce moment la tente se garnit de visiteurs.)

CAPRICORNE. Voici l'heure du départ; les bagages dans la cabine! Allez! Allez!... A moi mes équipiers. (Quatre équipiers paraissent.) Chauffez la machine. (On chauffe la machine on enlève la tente.)

CHŒUR.

Air : *O jeune homme aimable.*

Vite que l'on prenne
Sa place aussitôt
Dans ce berlingot;
Nous partons bientôt,
Ah! quelle veine,
D'aller là haut!
Sans aucune voile.
Dans le firmament,
Sans embêtement,
Sans désagrément,
Je vais de chaque étoile
Voir l'œil charmant.

GÉDÉON.

Que l' diable emporte vos voyages!
Aller se promener en l'air!
Moi c' que je crains, au milieu des nuages,
C'est de pincer un polisson de mal de mer.

TOUS.

Oh! la! la!
Vite que l'on prenne, etc.

(Gédéon, Bérénice et Linotte prennent place dans la nacelle, où ils ont déjà placé leurs valises.)

SCÈNE IX

GÉDÉON, VALENTIN, LINOTTE, BÉRÉNICE, CAPRICORNE, ÉQUIPIERS, ASPASIE, ROSE, ADÈLE, ARTHÉMISE, FINETTE, FRISETTE, DEUXIÈME GAMIN, MARIE, VISITEURS, M. ANASTASE.

CAPRICORNE, à part. Allons! Je suis sauvé, Coco-Félé sera content, deux femmes au lieu d'une! J'ai connu des gens qui trouvaient qu'une seule était embarrassante... moi, c'est tout le contraire, vive la quantité!

VALENTIN, à Bérénice dans la nacelle. O Bérénice, tous les deux dans la Lune, que de bonheur nous allons goûter!

BÉRÉNICE. Mon Valentin, je t'aime!

LINOTTE. Je vais donc voir une Lune dans son plein!... quelle veine!

CAPRICORNE. Allons! équipiers... chauffez ferme! Dans trois minutes nous fendrons l'espace!

CHŒUR.

Air : *Lucrèce Borgia.*

O prodige!
S'il se dirige,
Jamais, vous dis-je,
L'on ne verra
Tel spectacle!
C'est un miracle,
Au Pinacle,
Il s'en ira!

MARIE. Ce sont des toqués qui vont se casser la tête en accrochant l'obélisque ou la colonne Vendôme.

CAPRICORNE, aux promeneurs. Allons, mesdemoiselles, la porte de l'esquif est ouverte encore... profitez de l'instant qui nous reste. Ce navire peut vous emporter loin de ce monde ennuyeux!

ASPASIE, à Capricorne. Le voyage coûte cher?

CAPRICORNE, à la promeneuse. Gratis! Gratis! Gratis! vous êtes jolie et votre fortune est assurée.

ASPASIE. Frappe-t-on monnaie dans la Lune?

CAPRICORNE. Des croissants et des étoiles.

ASPASIE. Oh! si les bons du trésor n'ont pas cours, merci! (Elle tourne le dos.)

FRISETTE, à Capricorne. Y a-t-il des lingères, des modistes, des couturières?

CAPRICORNE. A quoi bon? rien ne s'use dans la Lune et la mode ne change jamais.

FRISETTE. On perd ses avantages, merci! (Elle tourne le dos.)

MARIE, à Capricorne. Trouve-t-on des cocodès dans la lune?

CAPRICORNE. On y trouve le véritable amour.

MARIE. Oh! du crampon! merci!

DEUXIÈME GAMIN. Y a-t-il des tas de pommes dans la lune?

CAPRICORNE. Ah! des radis! Voyons! voyons, mesdemoiselles, vous refusez le bonheur.

TOUS. Merci! Jamais!

LINOTTE. Eh bien! dites donc... Eh! conducteur, partonsnous, ou ne partons-nous pas?

CAPRICORNE. Nous partons!... Équipiers, attention!

VALENTIN. Oh! Bérénice, Bérénice, mon cœur tressaille... la terre va fuir! Le ciel s'entrouve pour nous.

GÉDÉON, s'accrochant aux bords de la nacelle. La tête me tourne déjà. Qu'est-ce que ce sera donc, Seigneur, quand je serai dans la Lune?

LINOTTE. Gédéon, mon ami, si vous continuez à geindre, je vous claque.

CAPRICORNE. Fermez les portes et tenons-nous prêts! Équipiers à vos postes... Parisiens, adieu!!! Vous êtes des niais!

TOUS. Ah!

CAPRICORNE. A nous maintenant les nuages bleus.

TOUS, chantant.

Adieu, mon beau navire,
Mon poisson, mon poisson pavoisé!

SCÈNE X

LES MÊMES, GIBOYEUX.

GIBOYEUX, criant au dehors. A la garde!... A la garde!... Je les repincerai.

TOUS. Ah!

CAPRICORNE. Qu'y a-t-il?

VALENTIN. Giboyeux! c'est Giboyeux!

BÉRÉNICE. Nous sommes pris!

GIBOYEUX, entrant. Ah! scélérats, je vous trouve donc enfin!... je vous tiens!... je ne vous lâche plus!...

CAPRICORNE. Lâchez tout!

(Le poisson volant commence à s'élever.)

GIBOYEUX. Ah! dussé-je m'accrocher à la queue de ce poisson, je vous suivrai.

LINOTTE. Des navets! mon bonhomme, on t'en souhaite! bonsoir!

TOUS. En route pour la Lune!

GIBOYEUX, saisissant un câble qui pend à l'arrière. Ah! enfin!... Ils vont dans la Lune! j'irai aussi... je les accompagnerai partout, même au diable! (On rit. Le navire s'élève toujours.)

CHŒUR.

Air : *Ah! c' cadet-là.*

Ah! c' cadet-là!
Quell' boule il a,
J' n'en ai point vu d' pareille!...
Ah! c' cadet-là,
Quell' boule il a!
Au bout de sa ficelle,
Ficelle,
Ficelle.

ACTE DEUXIÈME

Deuxième Tableau

Une terrasse du palais de Coco-Félé, roi de la Lune, site pittoresque. — A droite, grandes colonnades en stalactites — A gauche, arbres étranges. Au fond, un grand lac bleu. — Au 1er plan une estrade de deux marches sur laquelle est placé un grand fauteuil.

SCÈNE PREMIÈRE

COCO-FÉLÉ, URANIE, BING, LA CAPITAINE DES GARDES.

Au lever du rideau, Coco-Félé est sur son trône, entouré des Seigneurs et des dames de la cour. Uranie et la Capitaine de sa garde féminine sont à sa gauche. Il tient à la main un sceptre terminé à l'extrémité par un tampon de grosse caisse. — A sa droite se trouve Bing, nègre crépu, ayant par devant et par derrière une large grosse caisse dont le Roi se sert comme d'un timbre.

CHŒUR.

Air : *Connu.*

COCO-FÉLÉ.

Je m'embête! (bis)
Beaucoup
Cette cour est trop bête,
C'est à devenir fou!

LES AUTRES.

Il s'embête, etc.

(Le Roi bâille. — Tout le monde bâille.)

COCO-FÉLÉ, bâillant. Ah!

TOUS, bâillant. Ah!

URANIE. O grand roi... ô sublime Coco-Félé...

COCO-FÉLÉ, l'interrompant. Uranie, si tu tiens à parler, dépêche-toi... et n'en dis pas long... Ton organe en ce moment produit sur mon système l'effet d'un orgue de Barbarie qui joue faux... et ça me fait grincer les nerfs.

URANIE. Seigneur! si ma voix est grinçante, c'est que mon âme est comme elle... Oh! mon doux maître, vous me faites de la peine...

COCO-FÉLÉ. Je m'en moque pas mal...

URANIE. Je comprends ça... Mais votre seigneurie s'ennuie... nous la voyons s'ennuyer et cela nous ennuie... respectueusement. L'ennui pour elle, et l'ennui pour nous... C'est un embêtement général.

COCO-FÉLÉ. Ah! le fait est que je ne dois pas avoir l'air d'être à la noce... Il y a plusieurs *cheveux* dans mon existence...

URANIE. Il faut les extirper.

COCO-FÉLÉ. Oui... mais comment?

URANIE. Quelques distractions bien senties.

COCO-FÉLÉ. Où sont-elles, tes distractions?...

URANIE. Je propose à votre seigneurie de recevoir la surintendante des cuisines du palais... Ce grand cordon bleu donnera lecture à votre seigneurie du menu de son prochain dîner.

COCO-FÉLÉ. Tu crois?... Ça m'ennuyera... mais je veux bien...

(Il frappe sur le timbre.)

URANIE. Introduisez la surintendante des cuisines...

(La capitaine des gardes fait un signe au dehors.)

SCÈNE II

LES MÊMES, LA SURINTENDANTE, suivie de CUISINIÈRES et de MARMITONS.

CHŒUR.

AIR : *Des Barbettes.*

LA CAPITAINE, URANIE, LA SUITE DU ROI.

Aux ordres, qu'ici l'on te donne
Il faut obéir avec respect.
Grand cordon-bleu de la couronne,
Que ton repas soit d'un aimable aspect.

LA SURINTENDANTE, LES MARMITONS.

Aux ordres qu'ici l'on { je / me } donne.

Je dois / Il faut } obéir avec respect!
Grand cordons-bleu de la couronne,
De mon / Son } repas { je soignerai / on soignera } l'aspect!

COCO-FÉLÉ, frappant sur le timbre. Silence, braillards... Ah! ça, voyons, qu'est-ce qu'on va me fricoter?

URANIE, à part. Quelle distinction!

LA CAPITAINE DES GARDES. Comme il est imposant!

LA SURINTENDANTE, présentant au roi une carte dorée. Illustre maître, voilà le menu... Je me permets de le croire... aux oiseaux.

COCO-FÉLÉ, mettant son pince-nez et se levant. Voyons ça...

(Il lit en descendant en scène.)

AIR : *Nous nous marierons dimanche.*

Potage truffé!
Radis noir truffé!
Des sardines à la truffe!
Le gigot truffé!...
Le dindon truffé!...
Crème vanille à la truffe!
Bordeaux truffé!...
Moka truffé!
Des truffes!
Gâteau truffé!...
Champagne frappé!...
Aux truffes!
Pristi! nom d'un nom!
Mais truffez-moi donc!
Vous épargnerez vos truffes!

LA SURINTENDANTE. Comment votre seigneurie le trouve-t-elle?

COCO-FÉLÉ. Toujours la même chose, pour changer!... Ventre de biche, que vous êtes énervants, vous autres cordons-bleus!... Quand vous avez mis des truffes partout, vous vous comparez à feu Vatel. Au diable les gâte-sauces! Tout ça ne me dit rien... Je ne dînerai pas!..

URANIE. Mais c'est à peine si votre glorieuse seigneurie a daigné déjeuner ce matin.

COCO-FÉLÉ. Eh bien, après?

URANIE. A ce régime, votre glorieuse seigneurie va dépérir infailliblement.

COCO-FÉLÉ. Eh bien, après?

URANIE. Elle compromettra sa précieuse santé!

COCO-FÉLÉ. Je m'en fiche de ma précieuse santé!

URANIE, LA CAPITAINE, LA SURINTENDANTE. Ah! Seigneur! Seigneur!

COCO-FÉLÉ. Eh bien, après? allez-vous en tous!... vous me faites mal aux cheveux! Vous êtes des idiots!... des crétins!... Décampez, et plus vite que ça. (Il frappe sur le timbre.) Reste, Uranie, nous nous ennuyerons ensemble...

BING. Grand Roi, avez-vous encore besoin de votre timbre?

COCO-FÉLÉ, tapant sur le timbre. Toujours! La nuit comme le jour! Ne bouge pas, où je crève ta peau d'âne!

(Tout le monde défile en chantant très-fort.)

CHŒUR.

AIR : *Mire dans mes yeux, tes yeux.*

D'vant le roi Coco-Félé
Passons en silence,
Et que notre défilé
Bientôt ait filé!
Passons, passons en cadence
Voilà l'défilé
Filé!

SCÈNE III

COCO-FÉLÉ, URANIE, BING.

URANIE. Oh! Seigneur! votre marasme m'épouvante! On dirait que vous avez des papillons noirs...

BING, à part. Oh! oui...

URANIE. Votre Seigneurie n'est pas dans son assiette...

COCO-FÉLÉ. Hélas!

URANIE. Il faut vous faire soigner.

COCO-FÉLÉ. Les médecins sont des imbéciles... comme toi. Je connais mon mal... c'est un embêtement de première classe... Une seule chose pourrait me distraire. Un seul remède pourrait me guérir...

URANIE. Et ce remède?...

COCO-FÉLÉ. Capricorne avait juré de me l'apporter. Mais, hélas! Capricorne ne revient pas.

URANIE, à part. Heureusement! (Haut.) Capricorne n'est qu'un petit intrigant sans consistance... il ne mérite point la confiance que Votre Seigneurie a mise en lui.

BING, à part. Oh! non...

COCO-FÉLÉ. Qu'est-ce à dire?

URANIE. Il a promis plus qu'il ne pouvait tenir.

COCO-FÉLÉ. J'en ai peur... Mais je n'avais que lui sous la main... D'ailleurs, je n'ai pas encore perdu tout espoir. Le délai fixé n'expire que dans deux heures.

URANIE, à part. Ah! diable!

COCO-FÉLÉ. La situation est tendue, tu la connais... Je veux me donner un héritier de mon trône et de mes vertus. Je veux engendrer un petit Coco-Félé tout à fait authentique, qui soit bien le fils à papa.

URANIE. Oui, je sais que c'est votre dada.

COCO-FÉLÉ. J'ai besoin, pour réaliser ce rêve, de la collaboration intelligente d'une épouse digne de moi... Les beautés de la Lune sont sujettes à caution... La fleur de chasteté ne se rencontre qu'à Paris!... C'est à Paris que Capricorne trouvera mon affaire... C'est de Paris qu'il me rapportera sans doute le remède qui doit me guérir!

URANIE. Il vous faut donc absolument une tigresse de vertu?

COCO-FÉLÉ. Oui, ma bonne!...

URANIE. Mais alors, pourquoi Votre Seigneurie n'a-t-elle pas pensé...

COCO-FÉLÉ. A quoi donc?

URANIE. A ma fille!... une brebis, une vraie brebis, et farouche comme un petit ours.

COCO-FÉLÉ. Merci! (A part.) Un ours apprivoisé.

BING, à part. Oh! oui!

URANIE.

AIR : *De Mme Favart.*

Puisque vous cherchez un modèle
De chasteté, d'amour constant,
Une épouse douce et fidèle
J'ai tout cela dans mon enfant...

Elle est naïve, elle est gentille !
Vous s'rez content d'elle toujours !..
Croyez-moi, sir ! prenez-ma fille !

COCO-FÉLÉ, chantant.

Je la connais. (A part.) Prenez mon ours !

URANIE, à part. Pas de chance ! Mais c'est égal... il faudra
bien qu'il y vienne, si Capricorne ne revient pas.

SCÈNE IV

LES MÊMES, LA CAPITAINE DES GARDES.

LA CAPITAINE, accourant. Seigneur ! Seigneur !
COCO-FÉLÉ. Eh bien; quoi? Qu'est-ce? Qu'y a-t-il?
LA CAPITAINE. Grande nouvelle, grande nouvelle !
URANIE, à part. Je flageole !...
COCO-FÉLÉ. Saperlipopette ! parle donc, ma capitaine, tu
m'agaces...
LA CAPITAINE. Un navire aérien vient d'aborder dans les
États de Votre Seigneurie !
COCO-FÉLÉ. Enfin. Ce doit être Capricorne ! Quelle chance !
URANIE, à part. S'il a réussi, quelle déveine !...
LA CAPITAINE. Les passagers de ce navire se dirigent vers
le palais...

(Musique au dehors.)

COCO-FÉLÉ, frappant à plusieurs reprises sur le timbre pour faire revenir
tout le monde. Les gardes, les pages rentrent en scène.

CHŒUR.

AIR : De Jonas.

De notre roi, le tampon nous appelle !...
Des étrangers arrivent en ces lieux...
Faisons accueil à la barque nouvelle
Qui vient ainsi d'escalader les cieux.

COCO-FÉLÉ. Rangez-vous ! rangez-vous ! et le sourire sur les
lèvres, ou je vous fais couper la tête à tous !
VOIX AU DEHORS. Les voici ! les voici ! C'est le seigneur
Capricorne !
COCO-FÉLÉ. Vive Capricorne !
TOUS. Vive Capricorne !

SCÈNE V

LES MÊMES, CAPRICORNE, LA SURINTENDANTE DES
CUISINES, SUITE, GARDES, PAGES, COURTISANS.

CAPRICORNE. Grand Monarque ! magnanime Coco-Félé... Je
te salue !...
COCO-FÉLÉ. Tu me salueras demain... réponds-moi d'a-
bord, as-tu réussi?
CAPRICORNE. J'ai réussi !...
URANIE, à part. Oh ! fichtre !...
COCO-FÉLÉ. Tu es un Lunatique de génie !... (Il lui tend les
bras.) Dans mes bras !
CAPRICORNE. Oh ! Seigneur !

(Il se précipite dans ses bras.)

COCO-FÉLÉ, prêt à l'embrasser, s'arrêtant. Non, je t'embrasserai
demain... Narre...
CAPRICORNE. Sire, je narre... et je serai bref... J'ai touché
la terre... j'ai vu Paris !...
COCO-FÉLÉ. Heureux Capricorne ! tu as vu Paris ! Paris,
que je n'ai vu, moi, que du haut de la Lune ! Paris, la reine
du monde !...
CAPRICORNE. Oui, Seigneur, la plus grande ménagerie de
l'Univers !
COCO-FÉLÉ. Pourquoi ménagerie?
CAPRICORNE. Parce que le monde n'est peuplé que d'animaux...

AIR : Si je pouvais m'élever jusqu'au Pinde.

Buffon l'a dit, l'homme n'est qu'une bête
Et du Lion, le sceptre est seul rival !
Voilà pourquoi le gandin fait sa tête
En se croyant le roi des animaux.

Maris jaloux, vrais tigres du Bengale,
A nos regards s'offrent à chaque pas;
En tous pays leur espèce s'étale,
Mais la tigresse, hélas ! n'existe pas !

O grand Buffon, ta science est complète...
Grondant, grognant et marronnant toujours,
Ce vieux mari d'une jeune coquette,
Dans son ménage a pris la peau de l'ours.

Dix fois par mois, cette vertu modèle
A pour l'intrigue un culte trop fervent;

Voilà pourquoi l'époux de l'infidèle
D'un cerf dix-cors est le portrait vivant.

Oui, dans Buffon, chaque monde a sa place,
Oiseaux pillards, voraces carnassiers.
Au premier rang de cette triste race
On doit classer huissiers et créanciers.

Cette bourgeoise à mine trop altière,
Dont les caquets nous rompent le tympan,
Pour s'élever et briller sur la terre
A pris l'orgueil et les plumes du paon.

Maître baudet dont la superbe oreille
Du Ténériffe égale la hauteur,
Sitôt qu'il brait, s'écoute et s'émerveille !
Hi han ! hi han ! ce doit être un auteur.

Chez eux, dit-on, la grue est oiseau rare !
Et les savants, pour l'étudier vont,
Chercher au loin ce volatil bizarre,
Lorsqu'à Paris tant de femmes le sont !

Le singe, c'est le gamin qui sans cesse
Se rit de tout, ricaneur et méchant,
Le rat rongeur, par centaines se presse
Dans les foyers de la danse et du chant,

N'oublions pas la race des reptiles
Souples bandits, êtres vils et rampants,
Lâches flatteurs, consciences faciles...
Tous les pays sont peuplés de serpents.

Buffon l'a dit, etc.

(Parlé.) Dans tout cela je me suis dit, je trouverai mon
affaire... Je n'ai pris ni une heure, ni une minute de repos...
J'ai cherché partout... fouillé partout... il y a eu du tirage... beaucoup de tirage... mais enfin, j'ai trouvé... et
au lieu d'une femme, j'en amène deux à Votre Majesté.
COCO-FÉLÉ et URANIE. Deux !
COCO-FÉLÉ. Jolies?

CAPRICORNE.

AIR :

Deux beaux tendrons

COCO-FÉLÉ.

Deux beaux tendrons ?

CAPRICORNE.

Yeux brillants, bouches assassines...
De jolis nez, de fiers mentons...
Cheveux bouclés et jambes fines.

COCO-FÉLÉ.

Deux beaux tendrons (bis.)

CAPRICORNE.

Oui, ce sont de très-beaux tendrons !

COCO-FÉLÉ. Et vertueuses?
CAPRICORNE. Deux perles de la plus fine eau ! Deux rosières.
COCO-FÉLÉ. Oh !... Lune et Macadam !... Croissant et pavé
de bois... Si tu dis vrai, Capricorne, je ferai de toi la première tête de la Lune... après moi !...
CAPRICORNE. Votre Seigneurie en jugera.
URANIE, à part. Tout va mal !
CAPRICORNE. Le Roi veut-il que j'introduise sur-le-champ
mes compagnons et mes compagnes de voyage?
COCO-FÉLÉ. Non ! non ! Peste !... tout à l'heure... Je suis
un Coco-Félé coquet !... Je veux me montrer à ces belles
étrangères avec tous mes avantages personnels... Je possède
un physique assez bien réussi... Je vais rehausser par un
peu de parure mes charmes naturels.
CAPRICORNE. Allez donc, Seigneur... et que le grand Piver
vous protége !
COCO-FÉLÉ. Que l'on se prépare à fêter dignement nos
hôtes ! Ma grande-maîtresse des cérémonies, ouvrez l'œil !...
Allons, en route !... Eclipsons-nous !
URANIE, à part. Comment parer le coup?

CHŒUR.

AIR : Nouveau de M. Thomas.

De notre } roi Coco-Félé,
Votre }
Surveillons } la toilette !
Surveillez }
Quand ell' sera faite,
Et complète
Son } chic ! Son } chic sera doublé.
Mon } Mon }

(Sortie générale.)

SCÈNE VI

CAPRICORNE, seul. Allons!.. la partie est gagnée!! Je vais jouir de mon triomphe! Uranie ne sera plus qu'une conseillère de pacotille. J'hériterai de ses droits et me voilà le second dans la Lune!! (A la capitaine.) Introduisez les nobles étrangers!...

LA CAPITAINE, parlant au dehors. Entrez... jeunes cocodès!   (Elle sort.)

SCÈNE VII

CAPRICORNE, GÉDÉON, VALENTIN, BÉRÉNICE, LINOTTE.

LINOTTE, entrant. Ah çà! dites donc, gens de la Lune, faudrait voir à se montrer un peu plus civils!.. J'ai cru que ça n'en finirait pas de faire antichambre!

GÉDÉON. Qué malheur! On nous fait poser comme des domestiques... Oh! là... là.

BÉRÉNICE. Eh bien, M. Capricorne?

VALENTIN. Qu'a dit le roi?

LINOTTE. Qu'a trituré votre Coco-Fêlé?

CAPRICORNE. Enthousiasmé par votre arrivée, il a ordonné des fêtes splendides en votre honneur, et pour l'instant il est occupé à se mettre quelque peu de poudre de riz afin de vous paraître séduisant, éblouissant, fascinant!..

BÉRÉNICE. Ah! vraiment!...

VALENTIN. Cher Capricorne, vous êtes notre sauveur!

CAPRICORNE. Et votre ami, soyez-en sûr!

LINOTTE. Ce n'est pas tout ça! Le grand air m'a creusée!.. J'ai l'estomac dans mes bottines... Je prendrais volontiers deux ou trois bouchées de n'importe quoi de solide... Un gigot froid, par exemple... et du vin blanc... J'adore le vin blanc...

GÉDÉON. Moi, je m'offrirais avec plaisir une absinthe panachée... En trouve-t-on dans la Lune?

CAPRICORNE. Il y a de tout dans la Lune.

BÉRÉNICE. Oh! c'est merveilleux!

LINOTTE. Puisqu'il y a de tout, je demande des ortolans au jambon... pas mal d'ortolans et beaucoup de jambon.

GÉDÉON. On peut même si on veut, remplacer les ortolans par des dindons.

CAPRICORNE. Vous aurez tout cela; mais, par exemple, il faut attendre.

TOUS. Attendre?

BÉRÉNICE. Je meurs de faim!

VALENTIN. Moi aussi...

CAPRICORNE. Les gnômes qui président aux cuisines de la Lune ne font pleuvoir la manne qu'aux heures des repas du roi.

LINOTTE. Et quand il prend au roi la fantaisie de jeûner.

CAPRICORNE. Tout le monde jeûne.

GÉDÉON. Hein!... plus souvent.

LINOTTE. Merci... pour maigrir! Il n'en faut pas!

GÉDÉON. Dites donc, pourvu qu'il ne soit point au régime aujourd'hui, le monarque, et qu'il se mette vite à table.

CAPRICORNE. Soyez sans inquiétude... dans quelques instants on va le servir...

TOUS. Ah! (Musique bizarre, tous les personnages chancellent.) Hein?

CAPRICORNE. On allume les fourneaux du palais. (Il désigne le sol.)

LINOTTE. Ça chauffe!...

(Tous se mettent à lever les pieds comme s'ils étaient sur des charbons.)

Air : *Saltarello.*

TOUS.
Qu'est-ce donc?

LINOTTE.
Eh! la lune tremble

VALENTIN.
D'où viennent ces bruits singuliers?

BÉRÉNICE.
Il m' semble qu' nous dansons ensemble...

LINOTTE.
Le quadrille des Canotiers

GÉDÉON.
Ah! sapristi! la drôl' de chose,..
Il m' prend des crampes dans le mollet!...

LINOTTE.
J' voudrais m'arrêter, mais je n'ose...
On dirait que j'ai mon plumet.

BÉRÉNICE.
Pouvez-vous, monsieur Capricorne,
Nous expliquer ce tremblement?

CAPRICORNE.
Ce tremblement, c'est une corne
D'abondance qui se répand!
Dans les flancs de cette planète,
Un maître d'hôtel souterrain,
Prépare une table coquette
Pour le repas du souverain!

LINOTTE.
Le Roi mange donc à la cave?
Ça doit vraiment manquer d'appas.

CAPRICORNE.
Non, voilà que ça se décave,
Regardez! mais n'y touchez pas!

(Un palais de chocolat, aux colonnes de foie gras, aux ornements de pâtés et de fruits confits, sort de terre.)

TOUS.
Ah! ce palais!... Dieu! quelle mine!

LINOTTE.
Mon appétit s' double, oh! là! là!
J'aimerais creuser dans la mine
Où dorment tous ces lingots-là

GÉDÉON.
Nom d'un' pipe quel étalage!

LINOTTE.
Ces saucissons m' tendent les bras!

GÉDÉON.
On dirait que ça sent l' fromage!

LINOTTE.
On dirait que ça sent l' foi' gras!
Des colonnes en sucre d'orge
Du sucre candi, c'est tentant!
J' voudrais avoir mal à la gorge.
Pour me guérir en les croquant.

GÉDÉON.
J'hésite entre cette volaille!
Ce homard, ces dodus jambons!

LINOTTE.
Dans ce temple de la mangeaille
Il n' doit y avoir que des gens hons!

TOUS.
De ce palais de la mangeaille
Vit' le peristyle enjambons
Dans c' pays où y a tant d' volaille
Y n' doit y avoir que des gens bons.

VALENTIN. C'est magnifique!

BÉRÉNICE. Que de merveilles!

GÉDÉON. C'est pour le coup que je vais avaler une colonne ou deux... peut-on entrer?

CAPRICORNE. Ne démolissez pas le palais!

LINOTTE. Il n'en restera pas une seule pierre.

CAPRICORNE. Ah! ah! ah! Gare à l'indigestion... soyez sobres!

GÉDÉON. Ah! c'est du nanan!... En voilà un Véfour que la Lune!

LINOTTE. C'est meilleur qu'au bouillon Duval!
(Ils mangent et disparaissent dans le Palais).

CAPRICORNE. A tout à l'heure, mes amis...

BÉRÉNICE. Vous nous quittez?

CAPRICORNE. Dans un instant... je reviens!   (Il sort.)

SCÈNE VIII

LES MÊMES, moins CAPRICORNE.

VALENTIN. Oh! Bérénice! Bérénice! Nous voilà donc dans le pays de nos rêves?

BÉRÉNICE. A moi le bonheur!

VALENTIN. A nous l'amour et la liberté!...

Air : *Du fil de la Vierge.*

Dans ce pays charmant finissent nos supplices...

BÉRÉNICE.
Arrêtons-nous!

VALENTIN.
Je te dirai tout bas des mots pleins de délices,

BÉRÉNICE.
A mes genoux...

VALENTIN, se mettant à ses genoux.
Oh! combien je bénis l'aveu plein de tendresse
Qui t'échappa!
De notre amour en paix, goûtons ici l'ivresse...

BÉRÉNICE.
Loin de papa!

2ᵉ COUPLET.

VALENTIN.

Mon bébé, mon lapin, mon rat, ma tourterelle,
Mon seul espoir,
Mire le reflet gris de ta verte prunelle
Dans mon œil noir.

BÉRÉNICE.

Oublions, mon chien bleu, ce qui nous asticote...
Le Giboyeux...
Car je vais te passer ma blanchette menotte
Dans les cheveux !..

(Elle lui passe la main dans les cheveux.)

VALENTIN, se levant avec transport. Oh ! Bérénice !... la vie ainsi, c'est un ciel de printemps sans nuages... un bocage vert et touffu où les petits oiseaux gazouillent...

BÉRÉNICE. C'est la fraîcheur de l'âme !.. C'est l'éventail de la jubilation ! Je t'aime !.. Valentin !...

VALENTIN. Bérénice, je t'adore !

GÉDÉON, sortant du palais avec Linotte. Oh ! Linotte, que j'aurais été vexé si je n'avais pas vu la Lune avec toi !

LINOTTE. O Gédéon ! j'ai le foie gras très-tendre... Il me semble qu'ici je vais te chérir comme une cane aime ses petits poulets !.. Ah ! sapristi, sapristi ! que j'ai soif !.. Ça m'étouffe !

VALENTIN. Bérénice ! bois dans mes yeux l'ambroisie qui doit te désaltérer.

LINOTTE. J'aimerais mieux une fiole de champagne.

TOUS. Oh ! tout ici sent le nanan !.. quel pays !..

QUATUOR.

AIR : *Des deux aveugles.*

ENSEMBLE.

Cette contrée
Est enchantée !...
L'âme charmée
Nous y restons !...
Dieu ! quelle chance !
Vivre en bombance,
C'est l'espérance
Que nous avons.

BÉRÉNICE.

Plus de chagrin, plus de souci...

VALENTIN.

Nous nous bécoterons ici.

GÉDÉON.

De jambons, je vais m' truffer...

TOUS.

Hé !..

LINOTTE.

Moi de truffes m'étouffer.

TOUS.

Hé !..

ENSEMBLE.

BÉRÉNICE, VALENTIN.

Cette contrée
Est enchantée
L'âme charmée
Nous y restons !
Vivre en bombance.
C'est l'espérance
Qu'en ces lieux nous avons.
Bon ! bon ! bon ! bon ! bon !
Ah ! que ça s' ra donc bon !

GÉDÉON, LINOTTE.

Non d'un nom
Truffes, jambon !
Truffons-nous donc
Et nous boirons
Nous chanterons
Nous danserons.
Q' ça s' ra donc bon !
Bon, bon, bon, bon !
Ah ! que ça s' ra donc bon !

(Capricorne entre vivement.)

SCÈNE IX

LES MÊMES, CAPRICORNE, puis COCO-FÉLÉ, URANIE, BING,
LA CAPITAINE DES GARDES, GARDES.

CAPRICORNE. Silence !.. voici le roi !..

TOUS. Le roi !..

LINOTTE, s'asseyant sur le trône. Je m'assieds dans ce grand fauteuil.

CAPRICORNE. Malheureuse !.. c'est le trône du roi !

LINOTTE, se levant et passant à droite. Oh ! là ! là !..

CAPRICORNE. Rangez-vous de ce côté.. et soyez nobles !..

GÉDÉON. A pas peur. La noblesse, ça nous connaît, ma vieille !

(Il passe à droite.)

LINOTTE. Est-il assez comme il faut cet être-là !..

GÉDÉON. On ne se mouche pas du pied, ma biche !.. Ah ! mais non !

LINOTTE. Enfin !.. je vais donc voir Coco-Félé.

CAPRICORNE. Silence !

(Une musique brayante annonce le retour du Roi. Des gardes défilent, puis des pages. — Puis le Roi entre en scène et vient se placer sur son trône.)

CHŒUR.

AIR : *Entre Paris et Lyon.*

De notre Roi qui s'a-
Vance, vance, vance, vance.
Amis saluons la
Splendeur et la puissance !...

COCO-FÉLÉ.

Ah ! mes chers sujets, vous m' faits a-
Dorer cette existence !

CHŒUR.

Ah ! ses chers sujets lui font a-
Dorer cette existence.

COCO-FÉLÉ.

Ces marques de dévou-
Ment, ment, ment, ment, ment, ment, ment.
Et cet allégro tou-
Chant, m'enchante et m'enivre !..,
Vos accents sont comme l'embou-
Chur' d'un' trompette en cuivre !

CHŒUR.

Nos accents sont comme l'embou-
Chur' d'un' trompette en cuivre.

CHŒUR.

De notre Roi qui s'a-
Vance, vance, vance, vance
Amis ! saluons la
Splendeur et la puissance.

COCO-FÉLÉ. (Parlé.) Assez la musique !.. vous m'étourdissez !

LINOTTE. Oh ! la bonne boule !

GÉDÉON, à part. Eh bien ! il en a, lui, une trompette !...

CAPRICORNE. Silence !...

COCO-FÉLÉ. Bing ! (Il frappe sur l'homme-timbre.)

LINOTTE. Tiens ! c'est le nègre de la Porte-Saint-Denis !...

GÉDÉON. Avec deux cadrans au lieu d'un !

CAPRICORNE, à Coco-Félé. Seigneur !

COCO-FÉLÉ. Présentez-moi nos étrangers !...

CAPRICORNE. Approchez... Parisiens ! (présentant) Valentin !...

(Valentin salue le roi et passe à gauche.)

COCO-FÉLÉ. Bonjour, Valentin !.. Bonjour !..

CAPRICORNE, présentant Linotte. Mademoiselle Linotte !

LINOTTE, faisant des révérences exagérées. Citrouillard !... née à Vaugirard... rue des Buissons-Creux.

COCO-FÉLÉ. Rue des Buissons-Creux !

LINOTTE. Oh ! ne vous fourrez pas le médium dans l'œil... Je vous serai... largement utile !.., Je sais faire tant de choses !...

AIR : *De la gardeuse d'Ours.*

Pour commencer, je dois vous dire,
Que j' fricotte assez gentiment...,
J' fais dorer dans la poêle à frire,
Une om'lette avec sentiment.
C' n'est pas un' bourde que j' vous colle,
Mes lapins sont si bien sautés,
Qu'ils saut'nt d'eux-mêm's dans la cass'role
Et qu'ils s'en déclar'nt enchantés.
Voilà idiot...
(Se reprenant.) Tra la idïo
Voilà la chos' mon cher Coco !
Oh !

CHŒUR.

Tra la idïo.
La idïo !
Voilà la chos' mon cher Coco !

COCO-FOLO.

Oh !

LINOTTE.

J'enseigne la philosophie ;
J'excell' dans la tourte aux pruneaux ;

J' vous f'rai de la photographie
Avec le charbon d' vos fourneaux;
Enfin, j' suis une fille honnête :
Appelez-moi, sans m' déranger,
Si vous voulez que j' vous apprête
D' la liqueur de fleur d'oranger.
    Voilà idiot...
      Tra la idio
  Voilà la chos', mon cher Coco !
        Oh !

CHŒUR.

    Tra la idio
      La idio
Voilà la chos', mon cher Coco !
     COCO-FÉLÉ.
       Oh !

TOUS. Ah !

COCO-FÉLÉ. C'est bien, je t'emploirai !...

CAPRICORNE, présentant Gédéon. Gédéon.

GÉDÉON, faisant des saluts comiques. Nicolas, Polycarpe, Estelle, Saturnin, qu'est mes petits noms... et de plus vice-président de la Société de l'Ampoule dans la main !...

COCO-FÉLÉ. La Société de l'Ampoule dans la main... elle existe donc ?

GÉDÉON. Et même que bien des gens en sont et qu'ils ne s'en doutent guère !...

AIR *nouveau de Marc Chantagne.*

     1er COUPLET.

Qui donc d'un peu d' paresse
Se défend à Paris ?
Le travailleur sans cessé
Par la paresse est pris ! (bis.)
Tant pis pour ceux qu' ça vexe,
L' masculin, l' féminin,
Les flâneurs n'ont pas d' sexe,
Tous ont une Ampoul' dans la main.

     VALENTIN.

     2e COUPLET.

Ce monsieur tout' l'année
Dit : « Je suis très-pressé !
Je suis, à la journée,
De travail écrasé ! (bis.)
Mais faut pas qu'on s'avise
D'en exiger un brin...
Toujours même devise :
Société d' l'Ampoul' dans la main.

     CAPRICORNE.

     3e COUPLET.

C'te p'tit' dame mignonne
Qui dit : » Je vais mourir !
Veut qu' son mari lui donne
Un' bonn' pour la servir (bis.)
La gaillarde est bâtie
Comme un temple romain.
J' connais sa maladie;
Société d' l'Ampoul' dans la main.

     LINOTTE.

     4e COUPLET.

Bref ! dans ce joli club
On s' pouss' de l'agrément !
Car chaque membre sub-
Jugue indistinctement !
Enfants du Larifla,
On rit du lendemain,
Quand on fait parti' d' la
Société d' l'Ampoul' dans la main.

     COCO-FÉLÉ, se levant.

Ah ! Je comprends !...

     5e COUPLET.

Les marquis à ressources,
Les gens à grand talent,
Les coulissiers d' la Bourse,
Les chanteurs ambulants,
Les faiseurs de réclame,
Cocodès et gandins,
Jusqu'à l'hippopotame
Société d' l'Ampoul' dans la main.
J'en ferai établir une dans mes États,
                    (Il se rassied.)

CAPRICORNE, présentant Bérénice. Mademoiselle Bérénice.

COCO-FÉLÉ, poussant un cri et descendant de son trône. Ah ! le cheveu de mon existence.

TOUS. Ah !

LINOTTE. Est-il bête... il m'a fait peur !...

CAPRICORNE. Qu'avez-vous, Seigneurie ?

COCO-FÉLÉ. Cette jeune fille !... ces traits ! je suis littéralement ébloui ! J'ai un rayon de lumière électrique dans les quinquets.

BÉRÉNICE. Comme il me regarde !

GÉDÉON, à Linotte. Ah çà ! est ce qu'il a mis un faux nez ?... Il louche.

LINOTTE, à Gédéon. Je parie quinze centimes, que mademoiselle Bérénice lui a tapé dans l'œil.

COCO-FÉLÉ, à part. L'émotion me chatouille dans le thorax !... mon cœur fait toc !... toc !... je suis pincé ! Je suis regaillardi.

URANIE. Il a remarqué la petite.

VALENTIN. Seigneurie !

COCO-FÉLÉ. Jeune étranger... fiche-moi la paix pour le moment... (à Bérénice.) Délicieuse étrangère, écoute-moi...

BÉRÉNICE. Monseigneur !...

COCO-FÉLÉ, à part. Sa voix est un flageolet !... (Haut.) Ta présence dans mes États, jeune fille... c'est l'abeille dans la ruche... c'est le homard dans la mayonnaise... c'est l'eau dans la source... c'est!.. c'est le pois dans la cosse... c'est la corde à la guitare... c'est la poule dans le pot-au-feu... Tout ici était vide... mon cœur comme le reste !... Un seul de tes regards vient de le remplir... Tu me fais rechérir cette existence que j'envoyais à l'ours... enfin, tu me transformes... tu me renouvelles... Tu me rajeunis.

URANIE. Oh ! la ! la !

BÉRÉNICE. Monseigneur.

     COCO-FÉLÉ.

AIR : *La belle polonaise de Marc Chantagne.*

Oh ! crois-moi, jeune fille,
Bel astre sans pareil,
Ton regard me fusille
Comme un rayon d' soleil.
J'ai reçu de d' sur ma cloche
Un très-fort coup de marteau;
Depuis ce temps mon cœur cloche,
  Tu m'as fêlé le Coco !...
  Tu viens de fêler le co-
  Co de ce pauvre Coco !
  Tu viens de fêler
  Le coco de Coco-Félé !

     CHŒUR.

  Ah ! ah ! ah !

Ell' vient } de fêler le co-
Je viens }
Co de ce pauvre Coco.
Ell' vient } de fêler.
Je viens }
Le coco de Coco-Félé.

LINOTTE. Zinc ! ça y est !

COCO-FÉLÉ. Vous resterez tous dans mon palais ! tous vous serez heureux ! tous, vous verrez pleuvoir sur vous les honneurs et les richesses à n'en savoir que faire !

TOUS. Ah ! seigneur !

LINOTTE. Ah ! seigneur ! Vous n'allez tout à fait, foi de Linotte.

GÉDÉON. Monsieur le roi je vous accorde mon estime... vous êtes un lapin ! un vrai ! un fameux !...

COCO-FÉLÉ. Ce jeune Parisien a du style !...
          (Il va se rasseoir sur son trône.)

VALENTIN, à part. Coco-Félé nous accueille à ravir... et cependant quelque chose m'inquiète...

GÉDÉON, à Linotte. Pristi ! Le monarque a un bijou au doigt que j'aimerais passer au mien ! nom d'une pipe ! comme ça brille !

COCO-FÉLÉ. Capricorne ! je suis content de toi... je te nomme mon premier factoton.

CAPRICORNE, lui baisant le pied. Oh ! seigneur !...

URANIE, à part. Allons, me voilà dégommée. Mais le dernier mot n'est pas dit !

COCO-FÉLÉ. Valentin sera mon chambellan... Gédéon mon échanson.

GÉDÉON. Les clefs de la cave ! bonne affaire !

LINOTTE. Eh bien, et Linotte, est-ce qu'on l'oublie dans la distribution des grandeurs ?

coco-fÉlÉ. Piquante créature, je te nomme mon porte-mouchoir.

(Il lui donne son mouchoir.)

LINOTTE, le prenant. Qu'est-ce que c'est que ça ?

GÉDÉON. Une charge de confiance...

CAPRICORNE. Dans la poche du roi !

LINOTTE. Dans sa poche ?... bravo !... me voilà dans sa manche !

coco-fÉlÉ, se levant, avec passion, à Bérénice. Quant à toi, Vestale aux yeux filous, je te réserve mieux que tout cela...

BÉRÉNICE. Quoi donc ?...

COCO-FÉLÉ.

Air : *J'aime l'ognon frit à l'huile*

Joli tendron,
Sois bien tranquille,
Car dans cette île
Tout est bon !

CHŒUR.

Joli tendron etc,.

COCO-FÉLÉ.

Va, je t'y promets à foison
Plaisir sans peine
Et jamais de gêne !
De l'amour surtout et du bon,
Le bonheur habite en ma maison.

TOUS.

Cric ! crac ! cric crac !
Joli tendron etc,.

VALENTIN.

Ce roi de la Lune à l'âm' large.

LINOTTE.

Singulier pays, sur ma foi !

GÉDÉON.

Moi, je suis content de ma charge
De premier Échanson du roi !

LINOTTE et BÉRÉNICE.

Vraiment, ma foi,
J'en reste coi.

TOUS.

Oui, sur ma foi.
J'en reste coi !...

COCO-FÉLÉ, à Bérénice.

Dans la lune de tout dispose.

BÉRÉNICE.

Que pourrais-je bien demander ?

COCO-FÉLÉ.

Et je saurai te procurer,
Si tu le veux, tout autre chose !...
Mon cher trésor
J' t'f'rai plus encor !...

TOUS.

Quoi ! plus encor.
C'est un cœur d'or,
Cric ! crac ! cric ! crac !

CHŒUR.

Joli tendron
Sois bien tranquille
Car dans cette île
Tout est bon !

URANIE, à part. Je saurai bien me mettre en travers ! je veille !

coco-fÉlÉ. Et maintenant, soyons tout au plaisir !

(Il frappe sur Bing. On défile sur la reprise du chœur. Linotte et Gédéon se mettent à danser.)

ACTE TROISIÈME
Troisième Tableau

Un jardin fantastique. Au fond, grand escalier de marbre blanc circulaire, conduisant à une terrasse plantée d'arbres et de fleurs. L'espace compris entre ces deux escaliers est garni de buissons fleuris.

SCÈNE PREMIÈRE

COCO-FÉLÉ, GÉDÉON, LINOTTE, BÉRÉNICE, BING, LA CAPITAINE, PAGES, GARDES, etc.

CHŒUR.

Air : *Nouveau de M. Thomas.*

Au plaisir qui s'apprête,
Livrons-nous, mes amis,
Le Roi veut cette fête,
Au Roi soyons soumis.

TOUS. Magnifique !

coco-fÉlÉ. Nous ne disons jamais, dans la Lune... « De plus fort en plus fort comme chez Nicolet. » Non, jamais... aussi, je vous montre d'abord ce que j'ai de plus beau. Je vous amène dans le parterre de mes fleurs vivantes...

LINOTTE. Qu'est-ce que ça peut bien être que ça ?

coco-fÉlÉ. Des fleurs qui sont femmes... ou des femmes qui sont fleurs... comme vous voudrez.

GÉDÉON. En voilà une rengaine ! vous aurez pris ça, monsieur le roi, sur les devises des mirlitons de Saint-Cloud. Et qu'est-ce qu'elles font vos femmes qui sont fleurs : ou vos fleurs qui sont femmes, sans vous commander ?

coco-fÉlÉ. Elles dorment tout le jour dans leur calice... et quand vient la nuit... quand les vers luisants éclairent la salle du bal... quand les papillons nocturnes tiennent le piano en bourdonnant... quand les grillons pincent de la guitare... quand les gueules-de-loup soufflent dans leurs trombones, elles se réveillent, elles se transforment, et redevenues presque femmes et tout-à-fait Parisiennes... car elles sortent des serres de Paris, elles se livrent aux avant-deux et aux cavaliers seuls les plus fantaisistes du quadrille d'*Orphée aux Enfers !*

GÉDÉON. Pas possible.

LINOTTE, à Gédéon. Décidément le pauvre Coco est encore plus fêlé qu'il n'en a l'air ! (à Coco-Félé) Oh ! seigneur, vous me faites l'effet d'avoir un moucheron dans votre grelot.

coco-fÉlÉ. Un moucheron !...

LINOTTE. C'est un mot qui se dit dans mon village.

coco-fÉlÉ. Je m'en souviendrai !...

BÉRÉNICE. Moi, je demande à voir les fleurs vivantes !...

coco-fÉlÉ. Vous les verrez, lune de mon âme... vous les verrez et vous les entendrez, car au-dessus des accords de l'orchestre éclatent les sons vibrants de la campanule, de la clochette argentine.

GÉDÉON. Nom d'une pipe !... ça doit-il être drôle !

LINOTTE, à part. Faut-il qu'il ait un moucheron ?... le faut-il, je vous le demande.

coco-fÉlÉ. Qu'est-ce que tu marmottes tout bas, ma piquante porte-mouchoir !

LINOTTE. Je marmotte que tout ça c'est gentil en chansons... mais que les fleurs sont des fleurs et rien de plus... Le jasmin est créé et mis au monde pour parfumer la pommade... La bourrache pour nous faire suer... La fleur d'oranger pour servir d'enseigne plus ou moins véridique à la mariée... Et la capucine, enfin, la capucine n'a d'autre vocation que d'orner la salade de barbe de capucin.

coco-fÉlÉ. Tu vas bien voir ! Liberté complète, nous sommes à la campagne. Où il y a de la gêne il n'y a pas de plaisir. Chacun peut se promener où il voudra ; vous ne tarderez guère à rencontrer mes fleurs vivantes...

BÉRÉNICE. Merci ! (A part.) Je vais rejoindre Valentin !

(Elle sort à gauche.)

coco-fÉlÉ, à part. Hein !.. Elle s'en va !..

LINOTTE. Vous partez ?

coco-fÉlÉ. Oui. Je vais cueillir une feuille de verveine pour mettre dans ma tabatière !.. (A part.) et suivre Bérénice qui m'a pincé le cœur !

(Il sort vivement.)

LINOTTE. Allez-y !

GÉDÉON. Ah ! Un jardinier.

(Musique douce à l'orchestre. Un petit jardinier de style Louis XV, qui semble découpé dans une toile de Watteau, entre en scène en dansant et portant à la main un arrosoir coquet. Il fait le simulacre d'arroser les massifs de fleurs qui garnissent le théâtre.)

SCÈNE II

GÉDÉON, LINOTTE, LE JARDINIER.

LE JARDINIER.

Air : *Je danse (Fille de Dominique).*

J'arrose, j'arrose, j'arrose
Le frais Lilas le Jasmin et la Rose !...
Ce petit peuple intéressant
Me sourit en se balançant.
Des belles fleurs de ce parterre,
Pour mieux me faire apprécier,
Je les nourris, les désaltère,
Sans jamais me faire prier.
Je les nourris, les désaltère ;
Je suis leur papa nourricier.
J'arrose, j'arrose, j'arrose
Le frais Lilas, le Jasmin et la Rose,
Ce petit peuple intéressant.
Semble dire en se balançant :
Ne m'oubliez pas en passant !

LINOTTE. Eh! là-bas, dites donc, le petit à l'arrosoir, faudrait voir à ne pas m'inonder ni plus ni moins que si j'étais une de vos nourrissonnes.

LE JARDINIER, passant du côté de Gédéon. Faites point attention, mam'selle!
(Il arrose les pieds de Gédéon.)

GÉDÉON, de même. Prenez donc garde, malavisé!.. le bain de pieds n'est pas de rigueur.

LE JARDINIER, à Gédéon. C'est pour n'en pas perdre l'habitude, j'vous avais pris pour un chardon.

GÉDÉON. Malhonnête!
(Le petit jardinier gravit l'escalier du fond et disparaît à droite.)

LINOTTE, regardant au dehors, à gauche. Hein! Coco-Félé a rejoint Bérénice. Oh! pas de ça, Lisette!.. Je vais interrompre le tête-à-tête.
(Elle disparaît.)

SCÈNE III

GÉDÉON, VALENTIN, puis LA ROSE.

VALENTIN, entrant en chantant. J'ai perdu ma Bérénice. Où est-elle? je ne la trouve pas.
GÉDÉON, allant à lui. Qui ça?
VALENTIN. Bérénice!
(Musique douce à l'orchestre.)
GÉDÉON, écoutant. Chut!
(Un buisson de roses s'entr'ouvre au fond. La rose paraît et descend lentement à l'avant-scène en regardant. — Valentin et Gédéon qui la suivent, muets de surprise.)
VALENTIN. Oh! la jolie femme!
GÉDÉON. Pristi!.. la belle créature!.. mais je ne me trompe pas, c'est une rose.
LA ROSE. Le symbole de la beauté et de la coquetterie... La reine des fleurs!
GÉDÉON. Elle me va... elle me va!.. si je la cueillais pour la mettre à ma boutonnière? (Il va pour la prendre par la taille et se pique.) Aïe!
LA ROSE, rient. Prends garde; il n'y a pas de rose sans...
GÉDÉON. Sans piquants!.. nom d'une pipe! je l'ai bien senti!.. ah! vous êtes une beauté piquante, vous! mais prenez-vous en à d'autres.

LA ROSE.

AIR : *Les mules du Basque* (Paul Henrion).

Dans le monde où sans vanité
Nous régnons par la volupté,
Chaque homme enchanté, transporté,
Au galop poursuit la beauté.
Oui toujours,
Oui toujours,
C'est la course aux amours. (bis.)
.. Allons, galants,
Gais coureurs de belles,
Soyez brûlants,
Galopez toujours;
Joyeux amants,
Fournissez pour elles,
En vrais galants,
La course aux amours.
Dans notre aimable et doux métier
Il faut chérir le monde entier
Afin qu'il nous le rende!
Nous voulons bien charmer toujours,
Mais nous mettons dans nos amours
Un peu de contrebande.
Dans ce monde où sans vanité, etc.

GÉDÉON. Comment, m'ame la Rose, vous êtes contrebandière?
LA ROSE. Et comment ne pas l'être?.. Lorsque près d'un amoureux sentimental, la coquette file le parfait amour, contrebande!.. Pour mieux enlacer le banquier qui se rend aimable à force d'or, si elle joue le désintéressement, contrebande!.. Avec le brillant officier qui l'attaque militairement et veut l'enlever comme une citadelle, quand elle crie : Au feu!.. au secours!.. contrebande!.. À celui-ci qu'elle parle raison, folie à celui-là... Qu'elle soit légère ou farouche, que le sourire brille sur ses lèvres ou que des larmes tombent de ses beaux yeux, contrebande... toujours contrebande!
VALENTIN. Mais ne vaudrait-il pas mieux être aussi bonne que jolie? aimer qui nous aime?
LA ROSE. Par exemple!.. pas si naïve, — pas si violette! — se faire adorer de tous et n'aimer personne, telles sont les lois de la coquetterie.
VALENTIN. Cependant quelques-unes de vos sœurs se laissent parfois cueillir?..
LA ROSE. Oh! des petites sottes... des innocentes... des roses de buisson. — Mais la rose à cent feuilles se respecte, — elle sait se défendre. N'a-t-elle pas ses armes, ses épines?
VALENTIN. Dont elle pourrait ne pas faire usage.
LA ROSE, jouant la coquetterie. Quelquefois, en effet, la résistance est difficile!.. près de certains cavaliers, malgré soi.. on serait tenté d'être faible, — d'oublier...
BÉRÉNICE, paraissant à gauche. Une rose avec Valentin!
LINOTTE, paraissant à droite. Une rose avec Gédéon.

AIR : *De la Gitane.*

Alors on ressent malgré soi
Une sorte d'ivresse!
C'est un trouble qui nous oppresse,
Qui nous ferait mourir, je crois!
C'est un certain je ne sais qu'est-ce,
C'est un certain je ne sais quoi!

(S'arrêtant tout à coup.) Mais j'en ai déjà trop dit...
BÉRÉNICE, inquiète. Eh bien... eh bien, — est-ce que cette fleur va vouloir me prendre Valentin?
VALENTIN. Oh! continuez... rose adorable... continuez...
BÉRÉNICE, à part. Il devient fou!
LA ROSE, minaudant. De grâce, ne me regardez pas ainsi... éloignez-vous de moi... J'éprouve en vous voyant je ne sais quoi qui me trouble et qui me rend sans défense.
VALENTIN, très-ému. Elle faiblit... ah! si j'osais!.. (Il veut l'embrasser et se pique comme Gédéon.) Aïe.
BÉRÉNICE. C'est bien fait!
LINOTTE. Fallait pas qu'il y aille.
LA ROSE. Je vous avais prévenu!..
LINOTTE. Ah! ah! c'est dans la Lune comme à Paris, à ce qu'il paraît. Qui s'y frotte s'y pique...
GÉDÉON. Parbleu! dans la lune, les femmes ne valent pas mieux qu'à Paris.
LA ROSE. Dans la Lune comme à Paris les femmes valent mieux que les hommes.
LES HOMMES. Hein!

LA ROSE.

AIR : *Final de la Revue au cinquième étage.*

Honni soit l'être masculin
Sot animal dont on ne sait que faire,
— Il faudrait en purger la terre
Honneur, honneur au sexe féminin!
Ces chenapans, qu'on appelle des hommes,
Avec aplomb se disent nos égaux,
Quand pour le cœur, l'âme et l'esprit nous sommes
Tout! et qu'ils sont, eux, moins que des zéros!

CHŒUR.

LES HOMMES.

N' fait's pas fi d' l'être masculin,
Sot animal dont on sait bien que faire,
Il n' faut pas en purger la terre,
Le masculin vaut bien le féminin.

LES FEMMES.

Honni soit l'être masculin,
Sot animal dont on ne sait que faire,
Il faudrait en purger la terre,
Honneur, honneur au sexe féminin!

LINOTTE.

L'homme ayant bu chancelle, perd la tête,
Et tout au plus retrouve son chemin.
Lorsque la femme à son tour est pompette
C'est un démon d'esprit vif et malin!

CHŒUR.

Honni soit, etc.

BÉRÉNICE.

Pendant vingt ans l'homme bûche, étudie!...
D'un tel travail que reste-t-il enfin?
Vienne une Agnès, ou vienne une étourdie,
Et le savant y perdra son latin.

CHŒUR.

Honni soit, etc.

LA ROSE.

L'homme fait-il un voyage à Cythère,
En revenant, il est triste et chagrin!..
Leste et joyeuse, une femme, au contraire,
Gaillardement peut repartir soudain!

CHŒUR.

Honni soit, etc.

LES HOMMES. Merci!
LA ROSE. Adieu!.. je n'ai plus ce soir le temps d'être coquette... Deux tubéreuses de mes amies et un géranium qui

me fait la cour m'attendent près d'ici... au revoir, au revoir!

(Elle sort en envoyant des baisers à Valentin.)

VALENTIN. Charmante! charmante!

(Il sort en la poursuivant.)

BÉRÉNICE. Il la poursuit!.. Ah! tu vas me le payer! toi!

(Elle disparaît sur les traces de Valentin. Musique bruyante à l'orchestre.)

LINOTTE. Eh bien... eh bien... on dirait qu'on se dispute dans les bosquets! Est-ce qu'il y a des amoureux par là?

GÉDÉON. C'est le lilas et le pied d'alouette!

SCÈNE IV

LES MÊMES, LE LILAS, LE PIED D'ALOUETTE. *(Le lilas et le pied d'alouette entrent en scène et se disputent violemment.)*

CHŒUR.

AIR : *Nouveau de M. Thomas.*

C'est affreux!
C'est fâcheux!
Ça n'a pas de nom!
Femme
Sans cœur, sans âme!
C'est fâcheux!
C'est affreux!
Ça n'a pas de nom!
Voulez-vous vous taire? Non!

GÉDÉON. Oh! la! la!... voilà un lilas et un pied d'alouette qui vont s'arracher... les feuilles.

LINOTTE. Ça m'en a l'air.

LE PIED D'ALOUETTE. Au fait... que peut-on espérer d'une ci-devant coloriste de la rue Saint-Jacques?

LE LILAS. Mademoiselle a été élevée dans les champs de la Beauce ou de la Bresse, ça se voit.

LE PIED D'ALOUETTE. Tenez, vous n'êtes qu'une plante du pays latin.

LE LILAS. Et vous une villageoise...

GÉDÉON. Ksi! kis! kis!... allez-y-donc! prenez-vous aux racines! bûchez un brin!...

LINOTTE. Ça sera drôle!

LE PIED D'ALOUETTE. Une villageoise, vous avez dit : une villageoise! voyez donc, madame la grisette!... oh! ne venez pas chasser sur mes terres, me faucher l'herbe sous le pied, ou sinon...

LE LILAS. Que de cris pour une contredanse pincée avec son adorateur : un malheureux petit bluet!... Voyez un peu le grand malheur!

LE PIED D'ALOUETTE. Comment que vous appelez ça?... une contredanse? dites donc une tulipe orageuse et une soignée!...

LE LILAS. Peut-on dire? Si vous possédiez votre Closerie des Lilas, chère amie, vous reconnaîtriez l'innocence du menuet en question.

LE PIED D'ALOUETTE. Oh! la Closerie des Lilas!... peut-on parler d'un endroit pareil?...

LINOTTE. Un peu.

LE LILAS. Mais je crois bien qu'on en peut parler, j'y suis allé et je m'en vante.

AIR de *Daphnis et Chloé.*

C'est un vrai séjour
Rempli d'amour,
Belles
Peu cruelles!
Dans mon beau jardin
Je suis le lutin
Du quartier latin.
Joyeux réveil,
Fleurs et soleil,
Adieu l'école, adieu les thèses.
L'étudiant,
Mon gai client,
S'y promène au beau temps des fraises.
Oui, j'ai des chansons
Que les pinsons
Répètent,
Caquètent.
J'ai de gais docteurs,
De gais danseurs,
Peu de professeurs!
On valse, on rit,
J'ai de l'esprit,
Parfois même des journalistes;
Près d'un vin clair
Chante Murger,
Le roi charmant des chansons tristes!
Un jour ce verger

Vit Béranger...
Son ombre,
Bien sombre,
Aux yeux le cachait;
Seul, il méditait
Ou bien regrettait.
Son nom soudain,
Dans le jardin,
Sur toutes les bouches circula;
De bons enfants,
Vifs, triomphants,
L'enlèvent dans leurs bras d'Hercule.
Amis, c'est bien lui,
Et vite ici
Guirlandes,
Offrandes
Bouquets et Lilas.
Ah! jamais nos bras
Pour lui sont-ils las?...
Vieillard heureux,
Oui, dans tes yeux
Je vis alors rouler des larmes;
Tu bégayais,
Tu souriais,
Ah! quel triomphe eut plus de charmes!
Hélas! tu n'es plus,
Tes vers si lus,
Lisette,
O poète!
Nous les relira,
On les chantera
Tant qu'on aimera!..

TOUS.

C'est un vrai séjour
Rempli d'amour,
Belles,
Peu cruelles!
Dans mon son beau jardin!
Il est } le lutin
Je suis }
Du quartier latin!

LE PIED D'ALOUETTE. C'est possible, mais je vous interdis de regarder mon amoureux... Vous venez toujours flâner dans nos blés et ça me chiffonne.

LE LILAS. Ça suffit, villageoise... on s'en privera, j'ai mieux que ça.

LE PIED D'ALOUETTE. Connu!... votre chèvrefeuille! on sait ça.

LE LILAS. Mêlez-vous de ce qui vous regarde.

LE PIED D'ALOUETTE. Alors, laissez mon bluet tranquille.

LE LILAS. Mais je m'en soucie comme de rien du tout de votre benêt de bluet! Rôtissez-vous tous les deux au soleil en compagnie de messieurs les chardons, et fichez-moi la paix.

LE PIED D'ALOUETTE. Oh! c't'embarras! fait-elle sa poussière!

LE LILAS. Prenez donc garde à madame Pinchon!

LE PIED D'ALOUETTE. Hein?

LE LILAS.

AIR : *Amis, voici la riante semaine.*

Hein? Quoi?... Plaît-il?

LE PIED D'ALOUETTE.
Votre humeur est facile!

LE LILAS.
Autant que vos propos sont méchants!

LE PIED D'ALOUETTE.
Vous regrettez les bois de Romainville!...

LE LILAS.
Vous, l'innocence et les amours des champs!

LE PIED D'ALOUETTE.
Des noirs bosquets vous avez la manie!

LE LILAS.
Des blés fleuris on connaît les couleurs!

LE PIED D'ALOUETTE. Voulez-vous que je vous dise? vous n'êtes qu'une gamine de Paris.

LE LILAS. Allez donc faire vos fromages, fille de ferme.

LINOTTE, *achevant le couplet.*

Pour les attraits de sa douce harmonie
Vantez-nous donc le langage des fleurs!
(Le Lilas et le Pied d'Alouette s'avancent l'un sur l'autre en se menaçant du geste.)

LE LILAS. Je ne sais ce qui me retient!
LE PIED D'ALOUETTE. Prenez garde à vos yeux!
(Elle sort au moment de se prendre aux cheveux.)
VALENTIN, entrant et s'interposant. De grâce, mesdames...

CHŒUR.

C'est fâcheux!
C'est affreux!
Etc.

(Elles sortent précipitamment chacune de leur côté.)
GÉDÉON. Elles ont le diable au corps!
(Musique très-vive à l'orchestre sur les motifs de l'air de Pierrot.)

SCÈNE V

LES MÊMES, LA BELLE DE NUIT.

La Belle de Nuit entre en dansant. Elle porte un petit costume de Pierrot rose et blanc. Elle traverse diagonalement la scène en dansant et tout en chantant son couplet : Que Pierrot. Elle décrit des cercles autour des personnages qui sont en scène.

LA BELLE DE NUIT.
AIR Nouveau de M. Thomas.

Que Pierrot serait content.
S'il avait l'art de vous plaire!
Que Pierrot serait content,
S'il vous plaisait un instant!

GÉDÉON. (Parlé). Tiens! la jolie fleur! elle est drôlette! Elle me pousse à la gaieté!

LA BELLE DE NUIT, chantant.
Son moindre défaut
Est très comme il faut!
Privé de science
Et veuf de conscience,
Par tempérament
Voleur et gourmand,
Avec agrément
Il fait le sentiment.
Que Pierrot serait content, etc.

GÉDÉON. Elle me pousse à la gaîté de plus en plus. — Eh! Pierrot.
LA BELLE DE NUIT. Que me veux-tu?
GÉDÉON. Dis-moi ton petit nom.
LA BELLE DE NUIT. Je suis la Belle de Nuit.
GÉDÉON. Ah! bah!
LA BELLE DE NUIT. Oui, jeune homme... Jadis, je fus une élégante du jour... c'est-à-dire de la nuit... une petite dame très-chic... Je donnais le genre... J'avais pour fiancé un prince russe qui ne m'a pas épousée parce que l'Empereur de Russie lui a fait attendre ses papiers. Je conduisais au clair de la lune mon panier à salade et mes deux poneys sur la rive gauche du lac... je soupais chez Brebant... Je tenais tous les bancos au Lansquenet et je buvais, je chantais, je riais, je dansais, de minuit à six heures du matin.
GÉDÉON. Et de six heures du matin à minuit?
LA BELLE DE NUIT. Je n'ai jamais pu souffrir le grand jour. Une lumière trop vive fatiguait mes regards. Le soleil eût gâté mes fraîches couleurs... et j'y tenais.
GÉDÉON. Mais alors qu'est-ce que vous faisiez?
LA BELLE DE NUIT. Je dormais.
GÉDÉON. Tout le temps?
LA BELLE DE NUIT. Tout le temps. Mais une fois le soir venu, je régnais!... Je règne encore, écoute :

I

AIR : de Paris la nuit.

Quand le soleil s'efface
Emportant sa clarté,
La nuit vient dans l'espace
Et prend la royauté!
Au repos elle appelle
Pour moi c'est un réveil,
Car bientôt étincelle
Le gaz, autre soleil!
Alors! de son réduit
Sort la belle de nuit!
Oui,
De son brillant réduit
Sort la belle de nuit!
Voyez,
Voyez,
C'est la belle de nuit!

GÉDÉON. Vous vous la passez douce, dites donc!

LA BELLE DE NUIT.

II

La comédie habile,
Le splendide opéra,
Le joyeux vaudeville,
Le drame et cœtera.
Les soupers où l'on chante,
Les concerts gracieux,
Tout ce qui prend, enchante
L'esprit, l'âme et les yeux.
Voilà ce qui séduit
Une belle de nuit!
Oui,
Voilà ce qui séduit
Une belle de nuit!
Voyez,
Voyez,
C'est la belle de nuit!

GÉDÉON. Dame! à ce régime-là, vous ne devez pas avoir beaucoup de temps pour vous ennuyer... Je m'y ferais assez bien tout de même.

LA BELLE DE NUIT.

III

Du plaisir fantastique
Rallumant les fallots,
Du carnaval antique
J'agite les grelots!...
Quand l'opéra provoque
Le joyeux débardeur,
Clicard et sa défroque,
Et le Pierrot vainqueur,
Au bal qui la séduit,
Court la belle de nuit.
Oui,
Voilà ce qui séduit
Toute belle de nuit.
Ohé!
Ohé!
C'est la belle de nuit.

Le bal va commencer, j'y cours... je suis retenue pour le prochain quadrille; si tu veux le second, il est à toi.
GÉDÉON. Ça n'est pas de refus.
LA BELLE DE NUIT. Au revoir, ami, au revoir.
(Elle sort en dansant et en chantant : Que Pierrot, etc. Gédéon, Linotte et Valentin la suivent en dansant.)
GÉDÉON. Décidément elle est gentille.
LINOTTE, lui tirant l'oreille. Tu t'en aperçois trop!

SCÈNE VI

LES MÊMES, LA ROSE, LE BLUET, LA MARGUERITE et LE COQUELICOT, puis COCO-FÊLÉ, BÉRÉNICE, BING, GARDES.

(Les trois fleurs entrent en pleurant. — La Rose est au milieu d'elles, riant.)

LE BLUET. C'est une injustice.
LE COQUELICOT. C'est une indignité...
LA MARGUERITE. C'est une horreur!
GÉDÉON. Des bornes-fontaines.
LINOTTE. Oh! d'abord, si on pleurniche, je m'en vais.
COCO-FÊLÉ, entrant. Hein! qu'est-ce qu'elles ont donc?
BÉRÉNICE. Encore la Rose!
VALENTIN. Je parie que c'est elle qui les a piquées.
LES TROIS FLEURS. Au vif?
COCO-FÊLÉ. Voyons, madame la Rose, qu'est-ce que vous leur avez fait à ces pauvres petites chattes?
LA ROSE. Moins que rien, Seigneur... affaire de jalousie féminine... Les chères enfants se figurent bien à tort qu'on les délaisse pour moi... et elles se plaignent de leur abandon.
LE COQUELICOT. Ne l'écoutez pas, elle ment... ce n'est qu'une coquette. Tous nos adorateurs nous quittent pour courir à elle... et cependant nous avons bien aussi notre petit mérite.
LE BLUET. Certainement!

AIR : Béranger à l'Académie.

Simple bluet, brillante et pure étoile,
Je suis saphir au milieu du blé mûr...
Les épis d'or ondulants comme un voile,
Sont un écrin pour mon disque d'azur.

LA MARGUERITE.

Moi, blanche fleur, je suis la marguerite,
Sorcier charmant aux oracles discrets.

LE COQUELICOT.

Des amoureux quand l'été les invite,
Dans les sillons, je surprends les caquets.

LE BLUET.

Chut! tais-toi donc! et gardons leurs secrets!...

LA ROSE.

Air *nouveau de M. Chantagne.*

Qu'importe, mes sœurs,
On connait vos cœurs,
Vous avez place en l'histoire,
Car dans nos étés,
Vous représentez
Une trinité de Gloire !
Vous, douces fleurs de chasteté,
Bluet et marguerite,
Toi, noble fleur de liberté,
Rassurez-vous bien vite.
Reines des blés, séchez vos pleurs
Partout on vous honore,
Car vous êtes les trois couleurs.
Du drapeau tricolore !

LINOTTE. Bravo La Rose! nous sommes payses ! on ne trouve ces choses-là que dans les cœurs français.

COCO-FÊLÉ, frappant sur Bing. Et maintenant, parterre de la lune, paraissez tout entier.

SCÈNE VII

LES MÊMES, LE LILAS, LE PIED D'ALOUETTE, LA BELLE DE NUIT, L'AMARANTHE, LE MYOSOTIS, LA PIVOINE, LE PAVOT, LE SOUCI, LA VIOLETTE, LA CAPUCINE.
Elles entrent de différents côtés et se placent autour de la rose.

CHŒUR.

Air *nouveau de M. Thomas.*

Nous voici, mes sœurs,
Comme au printemps qui va renaître.
Nous allons paraître
Ensemble et mêler nos couleurs.

LA ROSE.

RONDEAU.

Air : *Je suis la muse du printemps.*

A bien comprendre nos couleurs,
Chers amoureux, je vous engage,
C'est un tendre et charmant langage
Que le doux langage des fleurs !
La primevère est espérance,
Et l'hyacinthe amour chagrin,
La marguerite, patience,
Et l'immortelle, amour sans fin !
L'héliotrope, attachement ;
La fleur d'iris est inconstance,
Chèvrefeuille, concupiscence,
Et la pensée, amusement ;
Le muguet est coquetterie,
Et la renoncule, fierté ;
La marjolaine, tromperie,
Et le barbeau, fidélité ;
Fleur de laurier, ardent désir ;
Anémone, persévérance,
Jonquille, enfin, est jouissance,
Et fleur de pommier, repentir.

VALENTIN.

Charmantes fleurs dont la naissance
Aux terres du jardin d'amour,
De ce Dieu marque la puissance,
Passez devant nous tour à tour !

BÉRÉNICE.

De vos innocentes beautés,
Qui mérite la préférence ?...
Nous en ferons la différence
Quand nous saurons vos qualités.

LE PAVOT.

Amants maltraités par vos belles,
Ayez recours à mes pavots ;
On ne trouve point de cruelles
Dans les charmes d'un doux repos.
Goûtez les rêves amoureux
Que mon pouvoir divin fait naître,
On est heureux quand on croit l'être,
Mes erreurs combleront vos vœux !

L'AMARANTHE.

Je suis la jalouse amaranthe.

LE MYOSOTIS.

Le myosotis à l'œil bleu !

LA CAPUCINE.

La capucine appétissante !

LA PIVOINE.

Moi, la pivoine au cœur de feu !

LA VIOLETTE.

Je fais le plaisir de nos champs,
Je suis la simple violette,
Je badine, je suis follette,
Profitez-en, jeunes amants !...
Croyez-moi, gardez-vous d'attendre...
Ne perdez pas ces doux instants.
Trois fois heureux qui sait me prendre,
Pour me cueillir, il n'est qu'un temps !

LE SOUCI.

Sans souci, sans quelque tourment,
Sans chagrin et sans doux martyre,
Au sein de l'amoureux empire
Il n'est nul bonheur en aimant !
Au tendre amant, quand il soupire,
Le bonheur semble plus charmant...
Lorsqu'il obtient ce qu'il désire
De ce qu'il aime éperdument.

LA ROSE.

Vous aurez beau parler, mes sœurs.
Je serai toujours la plus fière,
C'est moi qu'on cueille la première,
Mes parfums enivrent les cœurs !...

CHŒUR.

A bien comprendre, etc.

(Après le rondeau les fleurs se groupent et forment un bouquet. Au fond, un buisson s'entr'ouvre et l'Amour, en costume mythologique, paraît. Coco-Fêlé, Bérénice, Valentin, Gédéon, Linotte se groupent sur l'escalier. L'Amour descend lentement en scène en envoyant des baisers aux fleurs qui s'inclinent devant lui.)

SCÈNE VIII

LES MÊMES, L'AMOUR.

L'AMOUR.

Air *nouveau. — Thomas. — Tholès Bernard.*

Je suis l'Amour. Toute jeune âme
Rêve à mon pouvoir éternel...
Je vis et je meurs, pauvre flamme,
Et pourtant je suis immortel.
Je suis l'enfant du vert feuillage.
Le bois chanteur, mon doux berceau,
M'a vu rire sur le rivage,
M'a vu pleurer dans le ruisseau !
(Allant à la rose et s'agenouillant devant elle.)
Avec la rose qui soupire
Mon cœur mourant s'est agité ;
Dans les étoiles je sais lire,
Je comprends les voix de l'été !
(La rose le baise au front, il se relève et va vers la marguerite.)
Quand de la mousse où je m'incline.
Il s'élève un chant indécis,
Ce qu'il me dit je le devine
Et je songe, sur l'herbe assis !
Ainsi, toujours, dans la nature,
Comme une fleur, comme un oiseau,
Je tremble avec la source pure,
Je chante avec le vert roseau !
(A la marguerite, en s'asseyant sur les genoux du coquelicot qui s'incline devant lui.)
Comme toi, j'ai de blanches ailes,
Comme toi, j'ai le cœur sans fiel ;
Mes yeux sont des ondes fidèles
Où se reflète le beau ciel.
(Se relevant et traversant lentement la scène.)
Aussi mon pied tressaille et vibre
En suivant le pli des sentiers...
C'est dans les bois que je suis libre,
Je les voudrais seul tout entiers !
Tantôt j'y rêve, ou bien je pleure ;
Je traîne mon pas indolent ;
Puis ranimé, quand sonne l'heure,
Je sens bondir mon cœur brûlant.
Alors, franchissant les collines,
Sur les bruyères élancé,
Je réveille ces voix divines
Qui, tout enfant, m'avaient bercé.
Je les cherche sous les grands chênes,
Je dis au vent, sur le chemin,

De briser, dans son vol, les chaînes
Qui m'attachent au genre humain !

(A ce moment, un banc de verdure recouvert d'une peau de tigre est apporté par les fleurs, ainsi qu'une corbeille de feuillages à laquelle sont attachées des écharpes vertes et roses. — La nuit vient.)

Vers les cimes vertes j'aspire,
Vole, mon âme, encore plus haut,
Là-bas, où la montagne expire,
C'est l'azur divin qu'il te faut !

(Tombant sur le banc, soutenu par la rose qui s'est avancée près de lui.)

Mais je retombe sur la mousse,
Pâle, défait et sans essor ;
Et pourtant la forêt plus douce
Voit poindre au ciel les astres d'or !

(A ce moment, toutes les fleurs saisissent une banderolle. — La corbeille s'élève dans l'air. — Les écharpes se déroulent et forment un dais au-dessus de l'Amour et de la rose.)

Je suis l'Amour. Toute jeune âme
Rêve à mon pouvoir éternel ;
Je vis et je meurs, pauvre flamme,
Et pourtant je suis immortel !

CHŒUR :

A toi notre âme,
A toi nos vœux,
Et que ta flamme
Brille à nos yeux !

(Un rayon de lune vient éclairer le groupe de l'Amour et de la Rose, pendant ce chœur. — Le rideau baisse.)

ACTE QUATRIÈME

Quatrième Tableau.

Un petit boudoir fantastique.

SCÈNE PREMIÈRE

COCO-FÉLÉ, URANIE, CAPRICORNE, BING, GÉDÉON,
LINOTTE, LA CAPITAINE.

COCO-FÉLÉ, à Bérénice. Tu viens de voir ta salle à manger, ton salon, ta salle de bains, ta chambre à coucher, ta salle de billard. — C'est ici ton petit boudoir. Tu vois qu'on n'a rien négligé pour te loger avec un certain luxe.

BÉRÉNICE. Oh ! Seigneurie, tout ceci est bien beau.

COCO-FÉLÉ. Moins que toi, jeune fille...

LA CAPITAINE, accourant tout effarée. Arrêtez ! arrêtez, seigneur !

TOUS. Quoi ?... Qu'y a-t-il ?

COCO-FÉLÉ, furieux. Quel est le cornichon qui se permet de venir troubler ainsi cette fête de famille ?... Comment, c'est vous, ma capitaine des gardes ! Aux arrêts pour six semaines.

LA CAPITAINE. Avec respect, Seigneurie !... mais je croyais devoir prévenir le roi qu'un animal étrange vient de tomber dans la Lune.

TOUS. Un animal ?

VALENTIN, à part. Ce doit être Giboyeux !

COCO-FÉLÉ. A quoi ressemble-t-il, cet animal étrange ?

LA CAPITAINE. A un homme.

COCO-FÉLÉ. La drôle de bête !... Quel est son cri ?

LA CAPITAINE. Il parle.

COCO-FÉLÉ. C'est effrayant !... Qu'est-ce qu'il dit ?

LA CAPITAINE. Qu'il est moulu.

COCO-FÉLÉ. Il doit être dangereux.

CAPRICORNE. Grand roi, puissant monarque, que faut-il faire ?

COCO-FÉLÉ. Que l'on amène en ma présence cet animal bizarre.

(La Capitaine et Capricorne sortent.)

LA CAPITAINE, faisant un signe au dehors. Le voici.

Air connu.

Quel est donc ce bizarre,
Ce bizarre étourneau,
Neau.
Nous vient-il de la mare,
De la mare au crapaud,
Paud.

(Giboyeux entre accompagné des gardes. Il est pâle, défait et couvert de grenouilles de la tête aux pieds.)

SCÈNE II

LES MÊMES, GIBOYEUX.

VALENTIN, LINOTTE, GÉDÉON, BÉRÉNICE. C'est lui !

GIBOYEUX, les apercevant. Ah ! je les tiens donc, enfin !

COCO-FÉLÉ. Quel est cet olibrius ?

VALENTIN. Sire, c'est un ennemi à nous.

COCO-FÉLÉ. Un ennemi ? Il sent le marécage... Je le crois amphibie. (A Giboyeux.) Approchez-vous loin de moi ! et répondez.

GIBOYEUX, d'un ton lamentable. Oh ! seigneur !

COCO-FÉLÉ. Ne geignez pas !... Laissez-moi vous interroger. D'où venez-vous ?

GIBOYEUX. De Paris !

TOUS. De Paris !

COCO-FÉLÉ. Par quelle voiture ?

GÉDÉON. Par l'omnibus ?

COCO-FÉLÉ. Allons, pas de périphrases. Répondez vivement. Racontez-moi votre voyage.

GIBOYEUX. Oh ! sire, je suis brisé, rompu, moulu. J'ai des crapauds dans le dos... des grenouilles dans les oreilles... des têtards dans le creux de l'estomac... Pardonnez, si je suis ahuri, voici la chose : Un navire aérien partait pour la lune, emmenant avec lui tout mon bonheur. A sa queue, pendait une ficelle.

COCO-FÉLÉ. C'en est une.

GIBOYEUX. Il était trop tard. J'ai saisi la ficelle ; mais, hélas ! épuisé de fatigue, j'ai lâché prise et je suis tombé dans la lune au milieu d'une mare à grenouilles.

LINOTTE. Ça se voit.

COCO-FÉLÉ. Que demandes-tu ?

GIBOYEUX. Que l'on me rende ma future.

TOUS. Sa future !

COCO-FÉLÉ. Où prends-tu ta future ?

GIBOYEUX. Je ne la prends pas... on me la prend. La voilà.
(Il désigne Bérénice.)

TOUS. Elle !

LINOTTE. Aïe !

COCO-FÉLÉ. Bérénice, ta future ?

GIBOYEUX. Oui.

COCO-FÉLÉ, marchant sur lui. Ah ! traître, coquin, scélérat, vandale, peau-rouge.

GIBOYEUX. Seigneurie !

COCO-FÉLÉ. Silence ! Ah ! jeune dindonneau, mais il faut que tu aies perdu le quatre-vingt-cinquième de jugeotte que tu pouvais posséder, il faut que tu sois plus que timbré pour oser te permettre de parler ainsi devant moi.

LINOTTE. Qu'on le bâillonne !

GÉDÉON. Asseyez-vous dessus !

COCO-FÉLÉ. Sache que cette jeune fille est la future future du roi de la Lune.

VALENTIN. Hein ! qu'est-ce qu'il dit ?

BÉRÉNICE. Moi, sa future ?

COCO-FÉLÉ. Gare donc au premier qui ose lever les yeux sur elle.

GIBOYEUX. Mais, nom d'un petit bonhomme !

COCO-FÉLÉ. Assez ! qu'on conduise ce paltoquet à la maison de santé des lunatiques de la Lune ! et qu'il n'en sorte pas sans mon ordre.

GIBOYEUX. Moi ! dans une maison de santé.

COCO-FÉLÉ, tapant sur l'homme-timbre. Obéissez, qu'on l'entraîne ?...
(On entraîne Giboyeux.)

GIBOYEUX. C'est une infamie ! c'est une indignité !

LINOTTE. Mettez-lui la camisole.

GÉDÉON. Et des sangsues !

CHŒUR.

Air : Orphée aux Enfers.

En prison !
En prison !
Qu'on traîne
A la chaîne
Ce maudit de l'espèce humaine.
En prison !
En prison !
Vite et sans façon,
Gardes, qu'on le mette en prison !

COCO-FÉLÉ.

Qu'on prépare les tenailles...

LINOTTE.

Le supplice du rasoir.

GIBOYEUX.

Tous ces gens-là sont des canailles!

TOUS.

C'est entendu! Va t'asseoir!

CHŒUR.

En prison!
En prison!

(On entraîne Giboyeux.)

SCÈNE III

LES MÊMES, moins LA CAPITAINE et GIBOYEUX.

COCO-FÉLÉ. Maintenant, j'épouse Bérénice!

VALENTIN. Epouser Bérénice! ah! par exemple! je mettrais plutôt le feu à la lune.

URANIE, bas à Valentin. Contenez-vous, ou vous vous perdez.

COCO-FÉLÉ, à Bérénice. Oh! jeune fille? ton œil me brûle, tu m'as transpercé. Oui, tu seras ma femme. Oui, tu seras ma cocotte fêlée.

BÉRÉNICE. Majesté! vous me faites peur.

VALENTIN. Seigneur!

COCO-FÉLÉ, à Valentin. Une sourdine à ton grelot. (A Bérénice.) Oui, je t'aime, jeune fille!... Pour toi, j'enverrai le célibat à tous les diables! Tu seras ma moitié, tu seras la reine du roi. Tu seras le croissant de ma lune! Laisse-moi presser cette main chérie!

BÉRÉNICE. Finissez ou je me fâche.

COCO-FÉLÉ.

AIR : du *Petit Bordeaux.*

Du brasier qui pour toi s'enflamme
Laisse une étincelle jaillir;
Qu'elle vienne envahir ton âme!
Viens combler mon ardent désir!
Pour moi, sois amante docile.

BÉRÉNICE, GÉDÉON, LINOTTE et VALENTIN.

Oh! laissez moi/la tranquille.

COCO-FÉLÉ.

D' mon royaume, à toi bois, près verts,
Tu m'as mis l'âme à l'envers.

ENSEMBLE.

COCO-FÉLÉ, LA COUR.	BÉRÉNICE.
Pour { moi, moi, moi, moi, / le roi, roi, roi, roi,	Oh! laissez-moi, moi, moi,
Sois amante docile,	Laissez-moi donc tranquille,
De toi, toi, toi, toi, toi,	Au diable vos bois, bois, bois,
{ De toi, j'ai l'âme à l'envers. / { Il a la tête à l'envers,	Tous vos bois et vos prés verts.

VALENTIN, GÉDÉON, LINOTTE.

Oh! grand roi, roi, roi, roi.
Laissez-la donc tranquille,
Au diable vos bois, bois, bois,
Tous vos bois et vos prés verts.

2e

VALENTIN.

De votre étourdissant langage
Elle ne comprend pas un mot.

COCO-FÉLÉ.

Chambellan, ta tête déménage,
Tu parles comme un escargot.
Assez de bêtise inutile.

BÉRÉNICE.

Laissez-moi donc tranquille,
N' vous mettez pas l'âme à l'envers.

LINOTTE.

Et restez dans vos prés verts.

ENSEMBLE.

Oh! laissez-moi, etc.

COCO-FÉLÉ. Ah! tes dédains m'enflamment plus encore! Ils jettent du pétrole sur mon brasier. — Un baiser, un seul!

BÉRÉNICE, lui donnant un soufflet. Tenez!

GÉDÉON. Servez chaud!

COCO-FÉLÉ. Oh! cette giroflée, c'est le bonheur! J'ai donc enfin trouvé une femme vraiment cruelle! va! Tu seras à moi!

BÉRÉNICE. Au secours!

VALENTIN. Ah! c'en est trop!

COCO-FÉLÉ. Dites-moi, monsieur mon grand-chambellan, auriez-vous par hasard une écrevisse dans votre vole-au-vent?

VALENTIN. J'aime Bérénice.

COCO-FÉLÉ. Et vous osez en convenir?

BÉRÉNICE. Il en convient et moi aussi!

COCO-FÉLÉ. Ah! mille pétards! vous n'avez pas, j'imagine, la prétention de me la disputer?

VALENTIN. Je la disputerais à l'univers entier.

COCO-FÉLÉ. Nous verrons bien.

(Il frappe sur l'homme-timbre.)

BÉRÉNICE. J'ai peur.

(La capitaine des gardes et les gardes entrent en scène.)

LINOTTE. Voilà l'orage!

COCO-FÉLÉ, à la capitaine des gardes, qui rentre. Saisissez-vous de cet insolent et qu'on le jette dans le plus sombre de mes cachots... celui où il y a des vipères..

CHŒUR.

AIR : *C'est moi, Mimi Bamboche.*

COCO-FÉLÉ, CAPRICORNE, GARDES.	VALENTIN, BÉRÉNICE, LINOTTE, GÉDÉON.
C'est écrasant,	C'est écrasant,
Renversant.	Renversant.
J' } étouffe de colère / Il }	J'étouffe de colère,
Qu'on l'mène à l'instant	Me } faire à l'instant, / Lui }
Dans l' cachot le plus épatant,	Un affront tellement cuisant.
Un tel sacripant	Un tel sacripant,
Par sa conduite m'exaspère,	Par sa conduite m'exaspère
Oui, c'est écrasant,	Oui, c'est écrasant,
C'est étourdissant,	C'est étourdissant,
C'est sanglant.	C'est sanglant.

VALENTIN,

Cré tonnerre!
C' coco, quel épouvantail!

COCO-FÉLÉ.

Qu'on insère
La belle dans mon sérail!

BÉRÉNICE.

Quel martyre
M'éloigner de mon amant!

LINOTTE.

Quel vampire
Altéré de sang.

VALENTIN, BÉRÉNICE, LINOTTE GÉDÉON, tombant à genoux.

Grâce, miséricorde!

COCO-FÉLÉ.

Ici, je n'accorde
Pas un seul moment.

TOUS.

Par bonté, montrez-vous clément.

COCO-FÉLÉ.

Le courroux me déborde

CAPRICORNE.

Bravo! c'est cela.

URANIE.

Mais heureusement, moi, je suis là!

COCO-FÉLÉ. Et allez donc! voilà comme ça se joue!.. Enlevez-le! Enlevez-la! Il faudra bien qu'elle cède.

CHŒUR.

C'est écrasant, etc.

(Des gardes entraînant Valentin d'un côté et Bérénice de l'autre. — Tout le monde sort, à l'exception de Linotte et de Gédéon.)

SCÈNE IV

GÉDÉON, LINOTTE, puis URANIE.

GÉDÉON. Eh ben, Linotte! que dis-tu de ce qui se passe?

LINOTTE. Je dis que je donnerais bien trois sous pour reprendre l'impériale de l'omnibus!

GÉDÉON. Le moyen de trouver un véhicule... Il n'y a pas de stations dans la lune, et les fiacres sont en grève.

LINOTTE. Si seulement on pouvait transporter ici le bois de Vincennes, il y aurait des artilleurs... et les artilleurs, ça fait si bien dans le paysage! Ah! lune maudite! Tu peux te flatter que je ne te porte pas dans mon cœur.

URANIE, à part. Ils sont furieux! c'est ce qu'il fallait. Je les pétrirai comme une cire molle entre mes mains puissantes, et tout ce que je voudrai qu'ils fassent, ils le feront.

LINOTTE. Ah! si nous pouvions filer.

GÉDÉON. Mais, hélas! c'est impossible!

URANIE. Silence, jeune imprudent, voici le roi!

LINOTTE. Encore lui! En voilà un gêneur.

GÉDÉON. Une paille dans mon œil.

SCÈNE V

COCO-FÉLÉ, CAPRICORNE, GÉDÉON, URANIE, LINOTTE, BING.

(Coco-Félé entre en riant et en chantant. Il a une joue énorme, le nez gonflé et un œil poché. Bing le suit par derrière.)

COCO-FÉLÉ.

Air : *Eh ! allez donc Turlurette.*

Eh ! allez donc (*bis.*)
Allez donc, Capricorne,
Eh ! allez donc (*bis.*)
J'suis gai comme un pinson.

URANIE. Seigneur ! quelle allégresse se peint sur les traits de votre glorieux visage !

COCO-FÉLÉ. Oui, oui, je suis content et j'ai sujet de l'être.

LINOTTE. En effet, votre seigneurie a l'air d'une petite folie !

GÉDÉON. Il a mangé des sauterelles !

CAPRICORNE. Le roi est au comble du bonheur !

LINOTTE, bas à Gédéon. Regarde donc le monarque lunaire, on dirait qu'il est tombé sur un coup de poing !

COCO-FÉLÉ. Vous voyez en moi le plus heureux des lunatiques. Examinez un peu mon visage, comment le trouvez-vous?

URANIE. Fort mal accommodé.

GÉDÉON. Un arc-en-ciel.

LINOTTE. C'est-à-dire que vous avez la tête comme une pomme de terre malade.

CAPRICORNE. Et voilà le bonheur!

COCO-FÉLÉ.

Air : *de Carlin.*

Oui, mes enfants, ce nez frappé,
Cette face mise en compote!
Ce cher soufflet qui m'a frappé!
Voilà ce qui me revigote.
Je me mourais à petit feu!
Mon cœur n'avait plus d'espérance,
Et mon œil ainsi mis au bleu   ⎫
Met du rose en mon existence. ⎭ (*bis.*)

Car c'est Bérénice, la douce enfant, qui m'a mis dans cet état luxuriant !

LINOTTE. Brave fille !

COCO-FÉLÉ. Je voulais lui démontrer ma flamme, pif ! paff ! Ah ! mes amis, mes bons amis, enviez votre roi. Quelle grêle de soufflets.

GÉDÉON. Elle avait oublié d'ouvrir la main.

COCO-FÉLÉ. Elle m'a flanqué un encrier à la tête. J'en ai vu quatre-vingt mille becs de gaz ! Un peu plus, elle m'étranglait ! Ah ! je suis bien heureux !

CAPRICORNE. Voilà ce que j'appelle une vertu !

COCO-FÉLÉ. Capricorne.

CAPRICORNE. Seigneur !

COCO-FÉLÉ. Mon très-bon, tu mérites une récompense éclatante!

CAPRICORNE. Oh ! Majesté? ma seule récompense est votre joie.

URANIE, à part. Vil intrigant ! comme il cache son jeu !

COCO-FÉLÉ. Des nèfles! Ma joie ne doit pas te suffire. Et pour t'écraser sous mes bienfaits, je te marie !

CAPRICORNE. Moi, vous me...

URANIE. Avec ma fille?

CAPRICORNE. Sa fille, merci, je la connais.

LINOTTE, à Gédéon. Elle aura du mal à la passer, sa fille.

COCO-FÉLÉ. En même temps que je signerai mon contrat de mariage avec Bérénice, tu signeras le tien avec Linotte !

GÉDÉON, URANIE, CAPRICORNE. Hein !

LINOTTE. Avec moi! Je serais vicomtesse du Zodiaque ! Ah ! mais sapristi ça me va, ça me va beaucoup.

GÉDÉON. Oh ! mais, c'est à se ronger les poings jusqu'au coude.

URANIE, bas. Silence ! je suis là.

COCO-FÉLÉ. Capricorne, je te donne un trésor ! Elle soignera ta cuisine. Je dînerai tous les jours chez toi.

CAPRICORNE. Seigneur, je désire ne point renoncer encore aux charmes du célibat.

COCO-FÉLÉ. Tu désires, tu désires, je m'en fiche comme de Colin Tampon!

LINOTTE. Oh ! Capricorne, mari de mes rêves, je te dorloterai, je te bichonnerai, je te câlinerai ! Je te mettrai des pantoufles, et ton bonnet de nuit ! Je te repriserai tes chaussettes... Je te migeotterai du veau aux carottes et je t'appellerai Saturnin !

GÉDÉON. Mon petit nom. Elle trépigne sur mon cœur !

COCO-FÉLÉ. Du veau et Saturnin, tu ne peux plus résister;

s'entendre appeler Saturnin, et manger du veau, c'est la vie.

CAPRICORNE. Mais vous ne pouvez ainsi disposer de moi, seigneur !

COCO-FÉLÉ. Je dispose de tout ! quand je veux quelque chose je suis entêté comme un mulet !

GÉDÉON, avec rage. Ah! si je ne me retenais.

URANIE, à Gédéon. Patience donc, notre tour viendra.

COCO-FÉLÉ, à Capricorne. Si tu résistes je te fais asseoir pendant deux heures trente-cinq minutes sur le paratonnerre du palais, pour t'assouplir le caractère ! et je vais prévenir Bérénice, que si elle ne s'estime pas très-heureuse de devenir madame Coco-Félé; je fais par la même occasion étrangler un peu Valentin ! Whiust, voilà comme je suis, moi, bon enfant, mais rageur !

LINOTTE. Ça y est.

CAPRICORNE, à part. Je suis pincé ! quel rasoir !

COCO-FÉLÉ. En route !

(Sortie).

COCO-FÉLÉ.

Air : *Complainte du pont des soupirs.*

Ici faites subito,
Ce que vous ordonne Coco!

ENSEMBLE.

COCO-FÉLÉ.   LINOTTE, LES AUTRES.
Que l'on m'écoute, coute, coute,   Et qu'on l'écoute, coute, coute.

LINOTTE,
Ministresse, — oh ! quel espoir,
Ça vaut mieux que porte-mouchoir.

COCO.
En route.

TOUS.
Route, route, route, route,
Ce mariage se fera,
Rien ne le retardera,
Ici c'est la volonté
Du roi Coco-Félé.

(Ils sortent.)

SCÈNE VI

URANIE, GÉDÉON.

GÉDÉON. Pristi, sapristi ! Tonnerre ! Pipe cassée et sabre de bois !

URANIE. Chut! chut! chut! Pas tant de bruit, jeune insensé.

GÉDÉON. Comment, pas tant de bruit ! Vous ne comprenez donc rien ?

URANIE. Je ne fais que ça, écoutez-moi.

GÉDÉON. Allez-y.

URANIE. Avez-vous remarqué la bague que le roi porte au doigt.

GÉDÉON. Un diamant superbe. Oui, après !

URANIE. Je déteste l'oisiveté, je m'occupe sans cesse, et au lieu de jouer de la guitare ou d'étudier le bézigue, dans mes moments perdus, je fais un peu de magie en amateur.

GÉDÉON. Dans une armoire.

URANIE. Oui, mais les portes ouvertes.

GÉDÉON. Comme chez M. Robin..

URANIE, tirant une bague d'un petit écrin. Connaissez-vous ceci ?...

GÉDÉON. La bague de Coco-Félé !

URANIE. Non, mais il est impossible de les distinguer l'une de l'autre, n'est-il pas vrai !

GÉDÉON. Oh ! impossible.

URANIE. Seulement celle-ci jouit d'une propriété magique.

GÉDÉON. Laquelle?

URANIE. Elle rend fou !

Air :

Comme le vin, qui grise le buveur,
Changeant en fou le mortel le plus sage,
Ce fin bijou fait naître une vapeur
Qui sur l'esprit s'étend comme un nuage.
Jamais, ici, sans crainte l'on ne doit
S'approprier cette bague coquette,
Car lorsqu'on veut la garder à son doigt (*bis*).
Elle vous fait perdre la tête!

GÉDÉON. Ah ! bah ! c'est pas une blague !

URANIE. Voulez-vous l'essayer.

GÉDÉON, vivement. Merci !

URANIE. Il ne s'agit que d'opérer la substitution des deux bagues, Coco-Félé deviendra idiot et nous obtiendrons de lui tout ce que nous voudrons.

GÉDÉON. Bravo ! (Il prend la bague.) Mais, dites donc, comment s'y prendre pour l'échanger ?

URANIE. Vous êtes l'échanson du roi, faites-en sorte qu'il se lave les mains, avant de se mettre à table : il ôtera son anneau et la substitution deviendra facile !

GÉDÉON. Un tour d'escamotage, parfait ! ça ira tout seul ! j'ai été garçon d'accessoire chez les frères Davenport...

URANIE, d'un ton solennel. Seulement, le secret le plus absolu !

GÉDÉON, de même. Muet comme une tanche !

URANIE. Confiance et discrétion ! veillez.

GÉDÉON. Allez ! allez.

(Uranie sort.)

SCÈNE VII

GÉDÉON, seul. Ah ! monsieur Coco-Félé, nous allons donc vous tenir. Ah ! mademoiselle Linotte, je vous ferai payer cher votre velléité d'épouser le premier factoton de la lune ! Je sauve mademoiselle Bérénice, je sauve mon maître... je mets le feu à la lune, je me sauve et nous nous sauvons tous.

SCÈNE VIII

GÉDÉON BÉRÉNICE.

BÉRÉNICE, entrant vivement. Ah ! c'est vous, Gédéon.

GÉDÉON. Mademoiselle, que se passe-t-il ?...

BÉRÉNICE. Le sais-je moi-même ? je crois que je deviens folle... Avant un quart d'heure je serai la femme du roi !

GÉDÉON, stupéfait. Sa femme ! j'ai mal entendu !

BÉRÉNICE. Fallait-il donc laisser mourir Valentin. Si je n'avais pas accepté la main du roi on menaçait sa vie.

GÉDÉON. Des balançoires ! des cascades ! histoire de vous épouvanter !

BÉRÉNICE. Non, non. Coco-Félé le ferait comme il le dit.

GÉDÉON. Convenez plutôt que vous vous laissez tourner la tête comme Linotte, par les grandeurs... elle veut être vicomtesse, vous voulez être reine !

BÉRÉNICE. Moi !

GÉDÉON. Oui, vous ! c'est l'ambition !... l'orgueil !...

BÉRÉNICE. Mais, je vous répète.

GÉDÉON. Que c'est par passion et dévouement... Contez ça à qui vous voudrez, mais pas à papa... il n'y mord pas !... Ah ! les femmes, les femmes ! bouteille à l'encre ! on croit que ça a du cœur" Ah ! bien oui ! du caout-chouc ! et pas autre chose ! Oh ! cette Linotte ! (Linotte paraît au fond.) comme j'aurais du plaisir à la voir malheureuse ! Elle le sera, la vaniteuse... et malheureuse comme les pierres; elle n'est bonne à rien... elle est gourmande, paresseuse, maladroite, menteuse, capricieuse, colère !

LINOTTE, lui donnant un soufflet. Malhonnête, voilà pour ta peine !

SCÈNE IX

LES MÊMES, LINOTTE, puis LA CAPITAINE.

GÉDÉON. Aïe !

BÉRÉNICE. C'est bien fait !

LINOTTE.

AIR : Ronde du sultan Mustapha.

Regardez bien cette main-là,
Les doigts, le pouce, et cœtera.
Quand elle cogn', je ne vous dis que ça,
On entend flic ! flac ! hol la la.

ENSEMBLE.

Regardez bien cette main-là, etc.

LINOTTE.

Celui qui m' claque, une claque a
S'il m' claqu', je l' claque, un claque il a.

ENSEMBLE.

Regardez bien, etc.

GÉDÉON. Linotte ! Vous avez insulté ma dignité d'homme ! Me battre, moi !

LINOTTE. Pas de phrases, ça te rendra meilleur. Les hommes, c'est comme les omelettes, pour être bon faut que ça soit battu !

GÉDÉON. Mais, Linotte, tout ce que je disais, c'est par excès de rage... Linotte, je t'aime !

LINOTTE. Vous, allons donc.

GÉDÉON. Oui, je t'aime, je t'adore, je t'idôle !... tu sais bien que je ferais tout au monde pour t'empêcher d'épouser Capricorne.

LINOTTE. Dame, qu'est-ce que tu veux ! je tiens à être vicomtesse.

BÉRÉNICE. Et quand on manque une occasion comme celle-là, on ne la retrouve pas !

GÉDÉON, sanglotant. Alors, tu n'as plus rien pour moi !

LINOTTE. Dieu ! que t'es bête ! Le veuvage est dans la nature !... tu seras mon second !

GÉDÉON. Oh ! Comme je m'arracherais les cheveux, si je portais perruque !

LA CAPITAINE, entrant et annonçant. Le Roi de la Lune !

LINOTTE, criant. Faites entrer, nous sommes visibles !

BÉRÉNICE, à part. Ah ! voilà que la peur me gagne !

LINOTTE, de même. Je vais donc être ministresse !

SCÈNE X

LES MÊMES, COCO-FÉLÉ, URANIE, BING, GARDES, PAGES, etc. Les gardes défilent.

CHŒUR.

AIR nouveau de M. Thomas.

C'est le roi co
Co co
Co-Félé qui s'avance
Dans sa puissance
Sance.
Ah ! qu'il est beau ! beau !
Qu'il est beau, coco !

COCO-FÉLÉ, accourant, à Bérénice et mettant un genou en terre devant elle. Bérénice, Bérénice! vous êtes éblouissante! (Tirant de sa poche des lunettes bleues et les mettant.) Ces lunettes vous étonnent peut-être, oh! mon astre! C'est un léger truc pour pouvoir vous contempler sans être aveuglé par vos rayons! si ça ne suffit pas, j'y joindrai un abat-jour vert!

BÉRÉNICE, à part. Si je ne tremblais pas si fort, je lui rirais au nez, malgré moi!

COCO-FÉLÉ, se relevant. Mon premier factoton, donnez la main à votre fiancée.

LINOTTE, à Capricorne. Allons, cette patte, et plus vite que ça ou sinon le paratonnerre!

CAPRICORNE, à part. Ah! poisson volant, je te maudis!

COCO-FÉLÉ. Ma gazelle, ma houri, mon singe amaranthe, appuyez-vous sur moi!

BÉRÉNICE, à part. Oh! Valentin, c'est pour toi!

COCO-FÉLÉ. La soupe aux choux est sur la table! à la salle du festin!

CHŒUR.

AIR de Malborough.

Dans la sall' de la fête
Mirliti, mirliton, mirlitête.
Dans la sall' de la fête,
Allons tous nous asseoir, (ter).
Et qu'on n' fass' pas sa tête,
Mirliti, mirliton, mirlitête,
Et qu'on n' fass' pas sa tête,
Allons tous nous asseoir.

(Défilé. Coco-Félé entraîne Bérénice qui pleure, Linotte on fait de même pour Capricorne.)

URANIE, à Gédéon. Le moment approche! L'occasion a des ailes, et elle est chauve!... songez à la saisir par les cheveux.

GÉDÉON. As pas peur, magicienne!... Et en avant le lavabo!...

(Ils disparaissent, l'un à droite, l'autre à gauche.)

CHANGEMENT.

Cinquième Tableau.

Une grande salle fantastique brillamment éclairée.

SCÈNE PREMIÈRE

Au lever du rideau, LES PAGES et LES GARDES se groupent à droite et à gauche. COCO-FÉLÉ, BÉRÉNICE, CAPRICORNE et LINOTTE sont assis à une grande table dressée et splendidement servie. BING est à côté du roi, URANIE à gauche, LA CAPITAINE à droite.

CHŒUR.

AIR : Ohé ! les p'tits agneaux,

Ohé! les p'tits lapins,
Vive là bombance !
Qu'on déguste les vins,

Gn'ia que d'l'abondance.
C'potage et c'rôti
Nous promettent nopce complète,
Dieux ! quel coup d'fourchette,
Vive l'appétit !

COCO-FÉLÉ, à Bérénice. O mon poulet blond, bois ferme surtout... Le vin pousse à la joie et j'ai d'un petit argenteuil dont tu me diras des nouvelles.

BÉRÉNICE. Oui, sire !

CAPRICORNE, à part. Quelle situation que la mienne !...

LINOTTE, à Capricorne. Est-ce que vous allez nous faire longtemps une figure de chien de faïence !... Si vous ne riez pas tout de suite, je fais aiguiser le paratonnerre !

COCO-FÉLÉ. Ah ! (Frappant sur Bing.) A-t-on des nouvelles du notaire ?...

LA CAPITAINE. Il sera ici dans un instant, Seigneurie.

URANIE, à part. Et Gédéon qui n'arrive pas !...

LA CAPITAINE, annonçant. L'Échanson du roi !

URANIE. Enfin je respire.

COCO-FÉLÉ. Dépêche-toi donc, clampin !...

SCÈNE II

LES MÊMES, GÉDÉON.

Il entre en portant un bassin de vermeil, plein d'eau, il a une serviette sous le bras.

GÉDÉON. Pardonnez-moi, grand monarque si je vous ai fait attendre... mais il paraît que toutes les serviettes sont à la blanchisseuse, on ne pouvait pas en trouver dans le palais !...

COCO-FÉLÉ. Où prends-tu la blanchisseuse?... des serviettes ! Pourquoi faire?... j'ai mon mouchoir de poche... Qu'est-ce que c'est que tu tiens là?...

GÉDÉON. Le bassin de vermeil dans lequel votre auguste personne va laver ses augustes mains.

COCO-FÉLÉ. Me laver les mains?... Dans quel but?...

GÉDÉON. Mais, sire, la propreté...

COCO-FÉLÉ. Je suis très-propre, je me suis lavé les mains, il y aura après-demain trois jours !

GÉDÉON. Il est d'usage sur la terre de se laver les mains avant chaque repas.

COCO-FÉLÉ. On fait ce qu'on veut sur la terre, ici je fais ce que je veux. Monsieur mon échanson... laisse-moi tranquille !... lâche-moi le coude !... à Chaillot !...

LINOTTE, mangeant. Oh ! mes enfants, voilà des crevettes qui sont aux pommes !...

GÉDÉON, regardant la bague du roi et jetant un cri. Oh ! le beau diamant... Sire ! oh ! oh ! oh ! qu'il est beau !
(Il dépose son lavabo sur une console.)

COCO-FÉLÉ. Oui, je le crois assez passable... (Avec fatuité.) Il me vient d'une dame...

GÉDÉON. Dites qu'il est merveilleux !... je m'y connais... que votre seigneurie daigne me permettre de l'examiner de plus près.

COCO-FÉLÉ, tendant sa main à Gédéon. Admire, mais dépêche-toi !

GÉDÉON. Oh ! ce brillant !... Oh ! ces facettes !... c'est... Ah ! ah ! ah ! atchi !...
(Il éternue sur la main du roi.)

TOUS. Dieu vous bénisse !...

COCO-FÉLÉ, se levant, furieux. Peste soit du vilain ! du goujat ! du malpropre ! il m'a éternué sur la main.

TOUS. Ah !

GÉDÉON. Oh ! seigneur ! je suis au désespoir !... Un rhume qui commence !... mais voici de l'eau pour les mains de Votre Majesté... pendant ce temps, je vais nettoyer le diamant.
(Il présente le lavabo.)

COCO-FÉLÉ. Inutile ! il suffira de m'essuyer un peu !...
(Il s'essuie.)

GÉDÉON, à part. Raté !... oh ! le vilain pierrot ! comment faire à présent?

URANIE, à part. Fatalité ! fatalité !

COCO-FÉLÉ, se rasseyant à Bérénice. Bérénice, mon petit trognon, pour me faire plaisir, tu mangeras dans mon assiette.

BÉRÉNICE. Oui, seigneur.

COCO-FÉLÉ. Et tu boiras dans mon verre.

BÉRÉNICE. Oui, seigneur.

COCO-FÉLÉ. Ta soumission m'enchante.

BÉRÉNICE, à part. Pas de chance !

GÉDÉON, à Uranie. Voyons ! un conseil !...

URANIE, de même. J'y perds mon latin !... il faut attendre encore, attendre et guetter l'occasion.

COCO-FÉLÉ. Que l'argenteuil coule à grands flots ! vive la joie !... dans une heure je serai marié.

LINOTTE. Moi aussi !

CAPRICORNE, d'une voix sépulcrale. Moi aussi.

GÉDÉON. Et moi pas !

URANIE. Oh ! colère !

COCO-FÉLÉ. Linotte, ma fille, quand nous serons veufs tous les deux, je t'épouserai !...

CAPRICORNE, à part. Oh ! si ça pouvait être tout de suite !...
(On entend au dehors le bruit d'instruments.)

LINOTTE, BÉRÉNICE. Qu'est-ce que c'est que ça?

COCO-FÉLÉ. Ma musique ! nous allons nous donner l'agrément d'un concert.
(A ce moment la musique entre en scène, défile et vient se ranger de chaque côté de la table du roi.)

SCÈNE III

LES MÊMES, LE MIRLITON, LA CLOCHE, LES CYMBALES, LA GROSSE CAISSE, LE FLAGEOLET, LA GUITARE, LE CHAPEAU-CHINOIS, LE TAMBOUR, LA CRÉCELLE, LA CLARINETTE, LE TRIANGLE, LE COR.

CHŒUR.

AIR : *De la reine Mab.*

Nous apportions notre douce harmonie,
Nie, nie, nie, nie, nie !
Quand nous entrons la joie est infinie.
Disons-le sans fard !
Boum !
On dirait Musard !

LE MIRLITON.

Grand Roi, voici ta musique fidèle !

TOUS.

Dèle, dèle, dèle, dèle, dèle.

COCO-FÉLÉ.

Approchez-vous, jouez la ritournelle
Avec un peu d'art.

TOUS.

Boum !
Qu'on dis !... c'est Musard

COCO-FÉLÉ. En v'là une vraie musique ! regardez-moi un peu comme c'est établi !... moi d'abord, mes enfants, je ne me refuse rien ! mes moyens me le permettent... je me suis composé une petite musique de chambre qui dégote les concerts populaires.

LINOTTE. Il n'y a pas de trombone !
(Chantant).

Ah ! si c'était les hussards de la garde
Y aurait au moins l'trombone du régiment.

GÉDÉON. C'est une musique de foire, sa musique de chambre !

LE MIRLITON. Qu'est-ce que c'est? Qu'est-ce que c'est... Qu'on n'attaque par mon orchestre, d'abord... ou je vous mirlitonne...

COCO-FÉLÉ. Mon chef d'orchestre a raison... j'ai les premiers instrumentistes du monde !...

TOUS. Oui ! oui !

LE MIRLITON. Tous membres de l'académie musicale de Frotey-les-Anes et de l'orphéon de Fouilly-les-Oies.

TOUS. Oui ! oui !

LE MIRLITON.

AIR : *Chaleur féconde.*

Faites-moi place,
Vite, je passe,
Car, en ces lieux, je dois donner le ton !
Par droit de fête,
Et de conquête,
Je suis le roi, je suis le mirliton !
Du vieux Saint-Cloud le jardin m'a fait naître,
Entre l'orange et le sucre candi !
J'étais petit, quand on m'a vu paraître,
Enfant gâté, depuis lors j'ai grandi !
Lestes coquettes,
Folles lorettes,
Ne font point fi de ma flûte en roseau !
Et la grisette,
Chantant Lisette,
Pose sur moi son rose et frais museau !
Combien souvent un soupirant timide,
Les yeux baissés et d'amour éperdu,
En hésitant me donne à son Armide
Comme l'aveu du cœur qu'il a perdu.

Car mes devises,
Ames éprises,
Malgré la foule et malgré les jaloux,
Avec prudence,
Même en silence,
Discrètement sauront parler pour vous !
On s'est moqué de ma littérature,
On a crié que j'avais mauvais ton !
Aux plus sots vers c'est faire grave injure,
Que les traiter de vers de mirliton !
Je laisse dire,
Non sans sourire,
D'un tel arrêt qui n'est pas respecté !
Car la jeunesse,
Qui me carresse,
A mes accents promet l'éternité !
Écho joyeux du refrain populaire.
Je plais à ceux que les ans ont courbé !
Et bien souvent on voit la jeune mère,
Au jour de l'an m'offrir à son bébé !
C'est qu'à tout âge,
A chaque étage,
Le mirliton fait naître un souvenir !
On se rappelle
L'hymne éternelle.
Que le passé répète à l'avenir !
Faites-moi place, etc.

BÉRÉNICE. Oh ! qu'il est gentil ! qu'il est gentil ! j'veux un mirliton, moi, na !...

COCO-FÉLÉ. Oui... oui, plus tard !

LE TAMBOUR.

AIR : *De la famille de Dominique.*

Tant que le tambour sera là,
L'orchestre fort bien marchera,
Et surtout il étourdira,
Battant ses ra, battant ses fla !
Mon galant uniforme,
Aux brillantes couleurs,
Il faut qu'on s'y conforme,
Charmera tous les cœurs !
Ma baguette appelle
L'essaim des amours ;
Incline-toi, belle.
Devant les tambours !

CHŒUR.

Tant que le tambour, *etc.*

LINOTTE. En voilà un tapin tapageur !...

LE FLAGEOLET.

AIR : *Ah ! vous dirai-je, maman !*

Ah ! vous dirai-je, papa,
Ce qui caus'ra mon trépas.
Depuis qu'la musique en cuivre
Séduit, charme, enchante, enivre,
On trait' comme un paltoquet,
Le pauvr' petit flageolet !

LINOTTE. Ah ! vous dirai-je, maman !... Pauvre petit ami !... je le regretterai !

LA GUITARE.

AIR : *Gil-Blas.*

C'est le beau ciel de l'Espagne
Qui dicta mes accents
Et mes chants !
L'amour toujours m'accompagne,
Excitant les fureurs
Des tuteurs !
Dans la ville sarrazine
De l'Espagne aux flèches d'or,
On m'appelait Mandoline
Et l'on m'y chérit encor !
Point de bonnes sérénades
Sans mes sons vibrants et doux,
Désespérant les alcades
Et dépitant les époux !
C'est le beau ciel de l'Espagne, *etc.*
Tra, la, la, la, la, la.

GÉDÉON.

Oh la ! la ! oh ! la, la !...

LA GUITARE, parlé. Ques à quo ?...

GÉDÉON. Oui, cuir à cao-carvalho !

LE CHAPEAU-CHINOIS.

AIR : *Du docteur Isambart.*

Moi je suis le chapeau chinois !
Nois, nois, nois, nois, nois, nois, nois !
Malgré mon gracieux minois,
Nois, nois, nois, nois, nois, nois, nois !
On m' reçoit aussi mal partout
Tout, tout, tout, tout, tout.
Qu'en un jeu de Siam un toutou !
Tou, tou, tou, tou !

LA CLOCHE.

AIR : *Nouveau de M. Thomas.*

Moi qui parle, je suis la cloche !
Tout cloche,
Quand on veut se passer de moi !
Et bien souvent ma voix vibrante,
Forte et touchante,
Chasse l'effroi !
Je tinte pour chaque baptême ;
Et j'aime
A chanter mes chants les plus doux
Lorsqu'au temple ma voix suprême
Appelle de jeunes époux.
Je vibre la nuit quand l'orage
Fait rage !
Sur l'Océan, dans le ciel noir,
Je sonne aussi dans les cordages
Les abordages
Le deuil et l'espoir !
Bref, le matin, je sonne encore
L'aurore !
Aujourd'hui comme au temps jadis !
Et tout le pays qui m'adore
Sourit à tout ce que je dis !
Moi qui parle, etc.

LINOTTE. Cette cloche-là a un bon timbre !

LA CLARINETTE.

AIR : *Laissez les Roses aux Rosiers.*

Je ne suis belle ni coquette,
Malgré ma hanche d'ivoir'blanc !
Je suis la pauvre Clarinette ;
Mes jours se passent en plein vent !
Le passant, qui me dit : tu beugles,
S'enfuit chassé par mes sons lourds
Et prétend qu'il faut des aveugles,   } ter
Pour en jouer devant des sourds !

LINOTTE. Comme nous ne le sommes pas, tais-toi !

LA CYMBALE.

AIR : *La Bonne Aventure.*

Les cymbales ont du bon,
On ne peut le taire !
LE MIRLITON.
Qu'un' chanteus' file un faux son,
LE COR.
J'file un son d'tonnerre.
LA CLOCHE.
Lorsque dans sa gorge un rat
LE COR.
Est poursuivi par un chat !
LA CYMBALE, LE COR.
Un coup de cymbale !
Je sonne du cor
TOUS.
V'lan !
L'public ne s'en doute !
Un coup de cymbale !
V'lan !
L'public n'y voit goutte !

GÉDÉON. Ils font bien d'avoir des instruments ceux-là, pour chanter !

LA CRÉCELLE.

AIR : *Fallait pas qu'il y aille.*

Moi je suis la Crécelle !
Cri, cri, cri, voilà mes seuls chants !
Sans vanité, j'excelle
A fatiguer les gens !
LE MIRLITON.
Pour la trouver
On va l'ach'ter
Aux foir's dans chaqu'boutique,

Et sa pratique
En l'apportant,
Trouv' son bruit agaçant.

TOUS, se bouchant les oreilles.

Aïe! aïe! aïe! (*bis*)
C'est bien fait
V'l'a c'que c'est
Fallait pas qu'elle y aille! (*bis*)
C'est bien fait!
V'là c'que c'est
Fallait pas qu'elle y aille!
C'est bien fait!

LA GROSSE CAISSE. Elle s'avance résolument en face du public et fait de son tampon cinq appels vigoureux sur son instrument.

AIR : *Connu.*

J' connais un' vieille tymbale
Qui rest' sur mon carré,
Qui dit qu' j' suis un' canaille
Qu'il faut écarteler!
Parc'qu'un soir étant grise,
En sortant du Prado,
J'avais fait la bêtise
De taper sur ma peau!
Sur l'air du tra la la la (*bis*)
Sur l'air du traderidera
La la la!

COCO-FÉLÉ. Maintenant, en avant le concert!
LE MIRLITON, aux instruments. A nous, mes enfants... nous y sommes... attention. La la!...
TOUS. La la!... la la...
LE MIRLITON. Allez!... Un! deux! trois!

AIR : *Nouveau de M. Thomas.*

1.

Chez Coco-Félé l'on entend

TOUS, jouant de leur instrument.

Tend, tend, tend, tend, tend, tend, tend!

LE MIRLITON.

Un concert assez discordant

TOUS.

Dant, dant, dant, dant, dant, dant, dant!

LA CLOCHE.

Mais enfin ça nous est égal!

TOUS.

Gal, gal, gal, gal, gal, gal, gal!

LE CHAPEAU-CHINOIS.

Un p'tit air faux ne fait pas d'mal!

TOUS.

Mal, mal, mal, mal.

2.

LA CLARINETTE.

Chez la Lune tout va croissant!

TOUS.

Sant, sant, etc.

LA GUITARE.

Mais la musique, en décroissant,

TOUS.

Sant, sant, etc.

LA GROSSE CAISSE.

Pour les oreilles est sans quartier!

TOUS.

Tier, tier, etc., etc.

LINOTTE.

J' demande à changer d'quartier!

TOUS.

Tier, tier, tier, tier!

3.

LINOTTE.

On croirait être à l'Opéra!

TOUS.

Ra, ra, ra, ra, etc.

GÉDÉON.

C'est à qui l'plus mal chantera!

TOUS.

Ra, ra, etc.

LE MIRLITON.

Les voix comme les instruments!

TOUS.

Ments, ments, etc.

LINOTTE.

M' font l'effet de chats miaulants!

TOUS.

Lants, lants, lants, lants!

4.

LE FLAGEOLET.

Je monte jusqu'au mi-bémol!

TOUS.

Mol, mol, mol, mol.

LE TAMBOUR.

Moi j'monte au do!

LA CRÉCELLE.

Moi, j'monte au sol

TOUS.

Sol, sol, sol, etc.

LA CYMBALE.

Moi, j'monte au ré!

LA CLARINETTE.

Moi, j'monte au si!

TOUS.

Si, si, si, si.

LINOTTE.

Et moi j'aime mieux Montaubry!

TOUS.

Bry, bry, bry, bry!

5.

LE MIRLITON.

Zut! ce sol, fa, si, la, si, ré!

TOUS.

Ré, ré, ré. ré!

LE TRIANGLE.

Pas d' sol, si, ré, dans ce ré, si!

TOUS.

Si, si, si, si.

LINOTTE.

J'ai les ré et les sols dans l'dos!

TOUS.

Dos, dos, dos, dos.

COCO-FÉLÉ.

Un! deux! trois! et restons en là!
Là, là, là, là!

TOUS. Bravo! bravo! La musique!
(La musique reprend ensemble le premier couplet défile et disparaît par la droite.)
LE CAPITAINE, entrant. Le notaire de la Lune!
TOUS. Ah!
BÉRÉNICE, à part. Allons! je suis flambée!
LINOTTE. Et signons ça vivement!
GÉDÉON. Je défaille!
URANIE, à Gédéon. Dans une minute, il sera trop tard!
(Le notaire entre.)
GÉDÉON. J'ai mon idée!

SCÈNE IV

Les Mêmes, LE NOTAIRE.

COCO-FÉLÉ. Bonjour, monsieur le notaire, madame va bien?
LE NOTAIRE. Comme ci, comme ça... elle a sa bronchite, la pauvre poule!... Votre seigneurie est trop bonne!
COCO-FÉLÉ. Tout est prêt?
LE NOTAIRE. Tout, tout, tout, seigneur!
COCO-FÉLÉ. Posez cela sur la table!
GÉDÉON, plaçant le contrat sur une petite table à gauche. Là, monsieur le notaire... Je vais vous faire de la place! votre encrier, c'est moi qui m'en charge...
(Il prend l'encrier et la plume.)
CAPRICORNE, bas à Linotte. Linotte, il en est temps encore... refusez-moi! Ne me refusez pas de me refuser.
LINOTTE, à Capricorne. Je crois que le temps est à l'orage... gare au paratonnerre!
CAPRICORNE, à part. je suis perdu!
COCO-FÉLÉ. O Bérénice, voici l'instant suprême!...
BÉRÉNICE, à part. O Valentin! Valentin! c'est pour toi!
LE NOTAIRE. Si votre seigneurie veut signer.
COCO-FÉLÉ. Avec délire!
GÉDÉON, lui présentant la plume. Grand roi, recevez de ma main cette plume qui va signer votre bonheur.
COCO-FÉLÉ. Gédéon, tu es un échanson modèle! donne-moi ma plume... une vraie plume d'oie.
GÉDÉON. La voici... Signez, là!...
COCO-FÉLÉ. Oui, oui... l'endroit est visible!
(Il va pour signer.)

GÉDÉON, renversant l'encrier, sur les doigts du roi. Ah!

COCO-FÉLÉ, furieux. Ah!

(Gédéon tombe à genoux.)

TOUS. Qu'y a-t-il?

COCO-FÉLÉ. Maladroit!... sur mon habit neuf!... sur mes mains!... traître!... idiot!... stupide animal!... de l'eau! vite de l'eau!...

GÉDÉON, à part. Je savais bien, moi, qu'il se laverait les mains!...

(Il apporte le bassin.)

LINOTTE. Le crétin!... voilà la signature retardée!...

GÉDÉON. O grand seigneur! pardonnez-moi... mais l'émotion...

COCO-FÉLÉ. Tu mériterais que je te fasse écarteler... mais je n'ai pas le temps... Retire-moi ma bague...

GÉDÉON. Oui, seigneur.

(Il retire la bague du roi, qui se lave dans le bassin.)

URANIE. Ah! enfin!...

GÉDÉON, à part. J'ai la chair de poule!...

COCO-FÉLÉ. Passe-moi une serviette!

GÉDÉON. Voilà, seigneur!

COCO-FÉLÉ, s'essuyant les mains. N'était le bonheur qui m'inonde, je prononcerais ton arrêt.

GÉDÉON. Oui, mais vous êtes si heureux!...

COCO-FÉLÉ. Et c'est heureux pour toi. (Il passe l'anneau à son doigt.)

GÉDÉON, à part. Partez, muscade!

COCO-FÉLÉ, poussant un cri. Ah!

TOUS. Quoi!

COCO-FÉLÉ. Allons! qu'on se mouche, tout le monde!

TOUS. Hein!

CAPRICORNE. Que dit-il?

LINOTTE. Comment! qu'on se mouche, mais je n'ai pas le moindre rhume!

GÉDÉON, à part. Voilà que ça vient!

COCO-FÉLÉ. Tra, la, la, la, la! Quel est donc cet air! Ah! oui, je m'en souviens... Le vent qui souffle à travers la montagne.

TOUS. Il devient fou!

LINOTTE. Coco déménage.

BÉRÉNICE, à part. Ce serait trop de chance!...

COCO-FÉLÉ. Qu'on ferme toutes les portes, et qu'on introduise les ambassadeurs, sur l'air du tra la la!

(Il se met à danser.)

CAPRICORNE. Seigneur qu'avez-vous? Ce langage légèrement bigarré...

COCO-FÉLÉ, à Capricorne. Ah! ah! te voilà, toi, mon grand cordon bleu... tu m'as donné des haricots qui n'ont pas voulu cuire... je te chasse!... (A Bérénice.) Toi, mon trésorier, tu lui donneras ses huit jours! Whuist!... à Chaillot! (Chantant.) Je suis jeune, innocent et bête!... Rien n'est sacré pour un coiffeur...

LINOTTE. Il papillotte.

GÉDÉON. Eh laisse-le donc tranquille... il s'amuse!...

COCO-FÉLÉ. Aux armes!... et qu'on ne m'éveille pas! je dors!...

(Il reste pensif.)

URANIE A BÉRÉNICE. A la prison de Valentin!... on nous laissera peut-être arriver jusqu'à lui!... Venez!...

(Elle sort avec Bérénice.)

GÉDÉON, se frottant les mains. Ça marche!... ça marche!

COCO-FÉLÉ, à Linotte, la faisant asseoir sur son genou. Illustre étoile... je vous attendais... avez-vous vu la Lune?

LINOTTE. Sire, je viens pour la voir.

COCO-FÉLÉ, prenant une coupe. A boire! A boire! princesse, je t'adore! princesse, c'est toi que j'épouse!... ça te va-t-il?

LINOTTE. Si ça me va?... c'est de l'avancement, ou je ne m'y connais pas!...

GÉDÉON, à part. Ah çà!... ils veulent donc tous l'épouser!...

CAPRICORNE, à part. S'il l'épouse, je ne l'épouse plus!... Quel *bénef*...

COCO-FÉLÉ. Ping! ping!... Voilà le tocsin!...

AIR : *Du Mirliton.*

C'est drôl' voilà qu'tout tourne
Et qu'tout roule ici,
Il faut que j'me retourne,
Car mon nez tourne aussi.

LINOTTE.

Si j'pouvais tourner la tête
De c'polichinel coquet,
J'ferais tourner ma conquête
Comme tourne un bilboquet,
Comme tourne un bil, un bo,
Comme tourne un bil, bo, bo.
Comme tourne un quoi,
Un bo, un bil, un bilboquet.

CHŒUR.

Comme tourne un bil, un bo! etc.

2.

COCO-FÉLÉ.

Il m'semble que j'ai un' mouche.
Sur mon trognon royal;
Celte mouch' fait qu'j'louche,
Moi, ça m'est bien égal,

(Il se met à faire des gambades grotesques.)

TOUS.

Viv' la joi' qui nous inonde!

LINOTTE.

C'est gai de dîner à l'œil!

GÉDÉON.

Il y a du bon vin dans c'monde,
Surtout l'picton d'Argenteuil.

COCO-FÉLÉ.

Verse un p'tit verr' d'ar, de gen,
Un petit verr' d'ar, gen, gen....
Un verre de teuil
De gen et d'ar
Et d'Argenteuil.

CHŒUR,

Verse un petit verr' dar de gen, etc.

COCO-FÉLÉ, criant à tue tête. (A Linotte.) Princesse... je t'épouse, Seigneurs, gardes, pages!... imbéciles, gens d'esprit et autres... Voici votre reine!...

LINOTTE. Ça y est.

COCO-FÉLÉ. Princesse! A toi mon anneau de fiançailles.

(Il retire l'anneau de son doigt.)

GÉDÉON. Patatras!

(Il lui donne la bague.)

CHŒUR.

AIR :

Coco-Félé passé l'anneau au doigt de Linotte qui se met à rire aux éclats tout en dansant. Reprise de chœur.

TABLEAU ! LE RIDEAU BAISSE.

ACTE CINQUIÈME

Sixième Tableau.

LA SALLE DU TRONE.

Grand décor à jour fantastique.

SCÈNE PREMIÈRE

URANIE, seule, puis, GÉDÉON.

URANIE. Certainement je n'ai pas inventé les irrigateurs... les biberons Darbo, la Revalescière et le nafé d'Arabie, mais néanmoins cette bague doit me conduire au but que je rêve... Capricorne sera balayé comme un vil intrigant qu'il est, et moi; moi!... je prendrai sa place.

GÉDÉON, entrant. La magicienne! ah! nom d'un canard du Canada, je vous trouve enfin!...

URANIE. Eh bien, quoi? qu'y a-t-il?

GÉDÉON. Il y a que vous nous avez fourré dans de beaux draps!

URANIE. Moi, je vous ai fourré...

GÉDÉON. Vous ou votre anneau de rideau, c'est la même chose.

URANIE. Il me semble cependant que tout doit aller bien.

GÉDÉON. Tout va mal.

URANIE. Valentin n'est-il pas en liberté?

GÉDÉON. Oui, mais la belle affaire! nous n'en sommes pas plus avancés pour ça, au contraire! Depuis que Linotte a passé l'anneau du Roi à son doigt, son carreau de vitre est fêlé comme celui de Coco-Félé. Elle court les champs en battant la campagne... Elle ne veut rien entendre... elle ne veut pas rendre la bague, et pour sûr et certain elle va faire des bétises...

URANIE. Il faut vous tirer de cette impasse.

GÉDÉON. Eh! oui, nom d'une pipe! mais comment?

URANIE. Il faut trouver un moyen adroit pour ressaisir le diamant, je me charge du reste...

GÉDÉON. Quelle chance!

URANIE. Où est Coco-Félé à cette heure?

GÉDÉON. Dans sa chambre à coucher.

URANIE. A merveille? Je cours sur les pas de Linotte... de

votre côté, mettez-vous à sa recherche et ne négligez rien pour rentrer en possession de l'anneau.

GÉDÉON. Oui, oui, allez, allez !

(Uranie sort.)

SCÈNE II

GÉDÉON, puis LINOTTE, puis CAPRICORNE.

GÉDÉON. La trouver, où ? Lui dire, quoi ? Elle chante, elle danse, et quand on veut lui parler raison, c'est comme si l'on essayait de dialoguer avec l'obélisque !... oh ! la Lune !... la Lune... que j'en sorte seulement, et le diable m'étrangle si j'ai envie d'y revenir.

LINOTTE, chantant au dehors. Avait pris femme, le sire de Framboisy.

GÉDÉON. Cette voix !

LINOTTE, entrant, un chapeau de général en papier sur la tête et à cheval sur un manche à balai. V'là vot' fill' que j'vous ramène. Au galop. Par file à droite ! Canonniers, à vos pièces.

GÉDÉON. La v'là... qui tourne la manivelle de son petit orgue...

LINOTTE.

(AUTRE AIR.)

Ma tête est en feu
Je n'y vois qu' du bleu
Tout est jaune sur ma tête.

GÉDÉON. Quel méli-mélo, mon Dieu.

LINOTTE, voyant Gédéon. Tiens, ma corsetière ?...

GÉDÉON. Sa corsetière ? qu'est-ce qu'elle dit ?

LINOTTE. Ah ! mais, ah ! mais oui... ah ! mais non, tu n'es pas ma corsetière... je te reconnais...

GÉDÉON. Vrai ?

LINOTTE. Tu es Capricorne, le prince indien, le chinois renversant qui fait battre mon cœur... Tu es le mandarin de mon âme.

GÉDÉON. Allons, bon, voilà maintenant que je suis Capricorne, un indien de la Chine...

LINOTTE, lui prenant la main. Capricorne, tu ne sais pas ?

GÉDÉON. Non.

LINOTTE. Eh ! bien, tu vas savoir... je l'aime.

GÉDÉON, à lui-même. Comme c'est agréable pour moi !

LINOTTE. Ne m'interromps pas !.. Écoute-moi !.. prends ma main.

GÉDÉON, à part. Sa main... oh ! la bague... Voilà le moment... (Il veut lui prendre la main droite.)

LINOTTE, la regardant. Pas celle-là, la gauche, côté du cœur !

GÉDÉON. Pas de chance !

LINOTTE. Puisque je te dis que je l'aime, il me semble que c'est assez clair... tu devrais me comprendre... à moins que tu ne sois bête comme Gédéon.

GÉDÉON. Par exemple !

LINOTTE. N'aye pas peur... il n'est pas là... Et puis s'il entendait, tant pis, c'est une poule mouillée, il ne dirait rien !

AIR : De l'Espagnole de carton.

Te v'là mon roi ! te v'là mon prince,
Te voilà, mon chat, mon Indien,
Pour toi d'amour mon cœur se pince,
Ah ! oui, c'est toi, j' te r'connais bien.
Oh ! parle-moi !... mais ne m' dis rien !
Je te trouv' beau comme une rose
Comme un' pivoine à peine éclose.
J' te dirais en n' te disant rien,
J' te dirais !... mais, hélas ! je n'ose,
Mon chinois, je t'aime, mon Indien (bis).
Tra la la la la
Macach' sabir
Ah ! c't animal
Devrait s' mettre dans un bocal
(Elle danse d'une façon insensée.)

GÉDÉON. Merci. Elle m'arrange bien... et quand on pense qu'il faut entendre tout ça.

LINOTTE. Si une femme te roucoulait dans le tuyau de l'oreille : Je t'aime. Qu'est-ce que tu ferais ?

GÉDÉON, à part. Une idée !.. (Haut.) Je lui demanderais sa main droite.

LINOTTE. Pourquoi faire ?

(Capricorne paraît au fond et écoute.)

GÉDÉON. Tu le verras bien.

(Il veut lui prendre la main.)

LINOTTE, lui tapant sur les doigts. Touche pas à ça ?.. Tu l'auras quand tu m'auras dérobé un becot...

CAPRICORNE. Ah !

(Il disparaît.)

LINOTTE. Allons... dérobe ! dérobe !...

GÉDÉON. Un ! dix ! vingt ! cent !

(Il l'embrasse.)

LINOTTE. Ah ! que c'est bon ! ah ! que c'est bon !.. ah ! que c'est bon !

(Coco-Fêlé paraît avec Capricorne, Bing, la Capitaine et les gardes.)

SCÈNE III

LES MÊMES, COCO-FÊLÉ, BING, CAPRICORNE, LA CAPITAINE, GARDES.

COCO-FÊLÉ. Ah ! c'est trop fort d'absinthe !..

GÉDÉON. Le roi !

CAPRICORNE. Seigneur, que vous avais-je dit ! vous voyez les choses de vos propres yeux... puis-je épouser ?...

LINOTTE, à Coco-Fêlé. Qu'est-ce que tu veux, toi ?

COCO-FÊLÉ. Ce que je veux ! mille côtes de melon ! permettre que ce scélérat... Drôle, tu seras pendu !

CAPRICORNE. Comment, petite malheureuse, vous ma future ! c'est donc une conduite ! ah ! pouah ! c'est infect !..

LINOTTE. Ah ! tu sais... va te promener !.. si tu veux me faire porter des journaux, paye-moi une voiture !

COCO-FÊLÉ. Qu'est-ce qu'elle dit ?

GÉDÉON. N'faites pas attention, sa cervelle danse une faridondaine insensée...

LINOTTE. J'aime ce jeune Écossais... Je suis reine... et je veux qu'il soit roi... mandarin, va t'asseoir sur mon trône.

COCO-FÊLÉ. Ah ! mais !! ah ! mais, je vais me fâcher à la fin !.. Tu épouseras Capricorne !..

CAPRICORNE. Messire...

COCO-FÊLÉ. Il n'y a pas de messire ! je suis têtu ! je le veux !

LINOTTE. Flûte !

COCO-FÊLÉ, à Gédéon. Qu'elle dise un mot de plus et je te fais couper la tête !

GÉDÉON. Linotte ! Linotte ! v'là que ça se gâte ! remonte à moi par amour pour moi-même !

LINOTTE. Mon chinois... je t'aime...

GÉDÉON. Je ne sais plus à quel diable me vouer ?...

CAPRICORNE. Sire, vous ne persisterez pas à vouloir me faire épouser Linotte. Je serais avant le mariage ce qu'on n'est ordinairement qu'après.

COCO-FÊLÉ. Je vais le faire pendre, tous les jours on épouse une veuve ! Tu l'épouseras !

(Il frappe sur Bing.)

BING. Bing !

GÉDÉON. Aye ! aye ! aye !

(La capitaine des gardes entre.)

LA CAPITAINE. Seigneur ?

COCO-FÊLÉ. Conduisez ce drôle au supplice, et qu'on lui donne cent coups de bâton avant de l'accrocher !

LA CAPITAINE. Oui, seigneur !

GÉDÉON. Perdu, mon Dieu ! Perdu ! ah ! non, sauvé, merci, seigneur ! (A Linotte.) Je vais mourir pour toi, ô Linotte ! mais, comme consolation suprême, donne-moi cette bague, afin que je puisse la presser sur mes lèvres, en rendant le dernier soupir !

LINOTTE. Oh ! de grand cœur, mon mandarin... la voici ! la voici !

COCO-FÊLÉ. Ma bague !

GÉDÉON. Oui, seigneur, reprenez-la !

SCÈNE IV

LES MÊMES, URANIE, BÉRÉNICE, VALENTIN, GÉDÉON.

URANIE, saisissant l'anneau. Arrêtez, seigneur !

COCO-FÊLÉ. Qu'est-ce à dire ? Valentin libre !... auprès de Bérénice.

VALENTIN. Oui, seigneur !

COCO-FÊLÉ. Par quel ordre ?

BÉRÉNICE. Par le vôtre, seigneur.

LINOTTE, semblant s'éveiller. Qu'est-ce qu'il y a ?

GÉDÉON, bas et vivement. Tais-toi !

COCO-FÊLÉ. Ah çà ! est-ce que je rêve ? Depuis ce matin, tout tourne autour de moi... Tout est étrange ! je deviens fou !

URANIE. Sire, vous l'avez été, mais vous ne l'êtes plus !

CAPRICORNE, COCO-FÊLÉ, LINOTTE. Comment !

URANIE. Et grâce à moi !

TOUS. A elle ?

URANIE. Oui, sire, votre bague est ensorcelée par un mauvais génie, ennemi de votre gloire et de vos sujets !

COCO-FÊLÉ. Et quel est ce mauvais génie ?

URANIE. Giboyeux !

TOUS. Giboyeux!

COCO-FÊLÉ. L'homme aux grenouilles.

CAPRICORNE, à part. Ah! la gueuse! je vois la ficelle!

URANIE. Je vais en donner la preuve!

CAPRICORNE, à part. Je tremble!

URANIE, à part. Oh! ma vengeance! (Haut.) Passez cet anneau au doigt de Capricorne, Seigneur, et vous allez voir.

CAPRICORNE. Hein!

COCO-FÊLÉ. Donne ton doigt.

(Il met l'anneau au doigt de Capricorne.)

CAPRICORNE. Boum! boum! boum!

(Tout le monde saute.)

COCO-FÊLÉ. Qu'est-ce qui lui prend?

CAPRICORNE. Ah! ah! nous allons rire. (A Coco-Fêlé.) Te voilà, toi, roi de contrebande!! Tiens, tiens!

(Il lui donne des pichenettes sur le nez.)

COCO-FÊLÉ. A la garde! à la garde! arrêtez-le!

URANIE. Allons, intrigant, rends cet anneau!

(Elle lui ôte l'anneau.)

CAPRICORNE. Aïe, aïe! Je suis perdu!

URANIE. Avais-je dit vrai, Seigneur?

COCO-FÊLÉ. Uranie, tu me sauves d'un immense péril! Je te fais premier factotum de la Lune, et je te ferai grand'mère de mes enfants. J'épouse ta fille.

LINOTTE. Enfin! la v'là placée!

GÉDÉON. Pas sans peine.

URANIE. Et vous mariez Valentin avec Bérénice?

COCO-FÊLÉ. Et Linotte à Gédéon... J'en ai assez de tous ces toqués Parisiens... Ils finiraient par me toquer moi-même.

TOUS. Vive le Roi!

COCO-FÊLÉ. Giboyeux sera renvoyé sur la terre, et Capricorne, convaincu d'avoir introduit dans la lune un mauvais génie, sera condamné à l'accompagner pour être le parrain de tous les enfants qui naîtront dans l'année.

CAPRICORNE, à part. Il appelle ça une punition!

(Bruit lointain, musique.)

COCO-FÊLÉ. Hein?

TOUS. Que se passe-t-il?

URANIE. Vous allez le savoir!

SCÈNE V

COCO-FÊLÉ, CAPRICORNE, GÉDÉON, VALENTIN, BING, LINOTTE, URANIE, BÉRÉNICE, LA CAPITAINE, GARDES, LE MIRLITON, LA CLOCHE, LA GUITARE, LA CLARINETTE, LA GROSSE CAISSE, LA CRECELLE, LE COR, LES CYMBALES, LE TAMBOUR, LE TRIANGLE, LE CHAPEAU-CHINOIS, LE FLAGEOLET.

CHŒUR.

Air : Cocodès.

Du roi nous venons
Fêter l'heureux mariage,
Mes amis, chantons,
Sans tapage applaudissons.

LE MIRLITON.

Nous désirons que la reine,
Digne de vos feux zélés,
Vous donne vite un' douzaine
De petits Cocos-Fêlés.
Et surtout, qu'ell' vous permette,
Sans vous baisser, chaqu' matin,
D' passer, l' chapeau sur la tête,
Sous la porte Saint-Martin.

CHŒUR.

Du roi nous venons etc,.

COCO-FÊLÉ. J'en accepte l'augure et ferai de mon mieux.

TOUS. Vive Coco-Fêlé!

CHŒUR.

Air nouveau de M. Thomas.

Co-co-co-co-co-co-co-co-co-co fêlé (*bis.*)

CAPRICORNE.

Vous vous êt's dit : ce drame est fantaisiste,
Parole d'honneur, c'est trop fort de café!
Et cependant il n'est que réaliste,
Chacun sur terre a le coco fêlé!

TOUS.

Co-co-co-co etc.

URANIE.

Les inventeurs des ballons à hélice,
Voulant qu'un jour dans le monde étoilé,
Comm' dans l' Champ d' Mars, on fasse l'exercice,
Assurément ont le coco fêlé.

TOUS.

Co-co-co etc.

BÉRÉNICE.

Ce p'tit jeune homm' qui mange sa fortune
Pour des cocott's et s'en croit adoré,
N'a pas besoin de monter dans la Lune
A Paris même, il a l' coco fêlé.

TOUS.

Co-co-co-co etc.

VALENTIN.

Cett' petit' dam' qui laisse son ménage
Manquer de tout pour avoir un coupé,
Quand on s' moque d'ell' prend ça pour un hommage,
Comm' dans la lune, elle a l' coco fêlé.

TOUS.

Co-co-co-co etc.

GÉDÉON.

Des Davenport, j' connais l' truc et l'armoire,
Ils ont voulu nous monter un doublé,
Leur s'piritism' n'est qu'une balançoire!
En fait d'esprit! ils ont l'coco fêlé.

TOUS.

Co-co-co etc.

LE MIRLITON.

Le Directeur qui monta notre pièce,
En ce moment se sent bien agité :
Suis-je, dit-il, pris d'unefièvre tierce,
Ai-je mon bon sens? ou le coco fêlé?

TOUS.

Co-co-co-co etc.

LINOTTE.

Quant aux auteurs de qui l'extravagance
A sous vos yeux, mis ce monde insensé,
Du Roi Soleil, mieux vaut nier l'évidence
Que de douter qu'ils ont l' coco fêlé.

TOUS.

Co-co-coco etc.

De notr' piéc', peut-être un peu malade,
Nous voudrions raffermir la santé,
A tant d' foli's, ajoutez un' cascade...
Applaudissez le roi Coco-Fêlé.

TOUS.

Co-co-co-co etc.

FIN

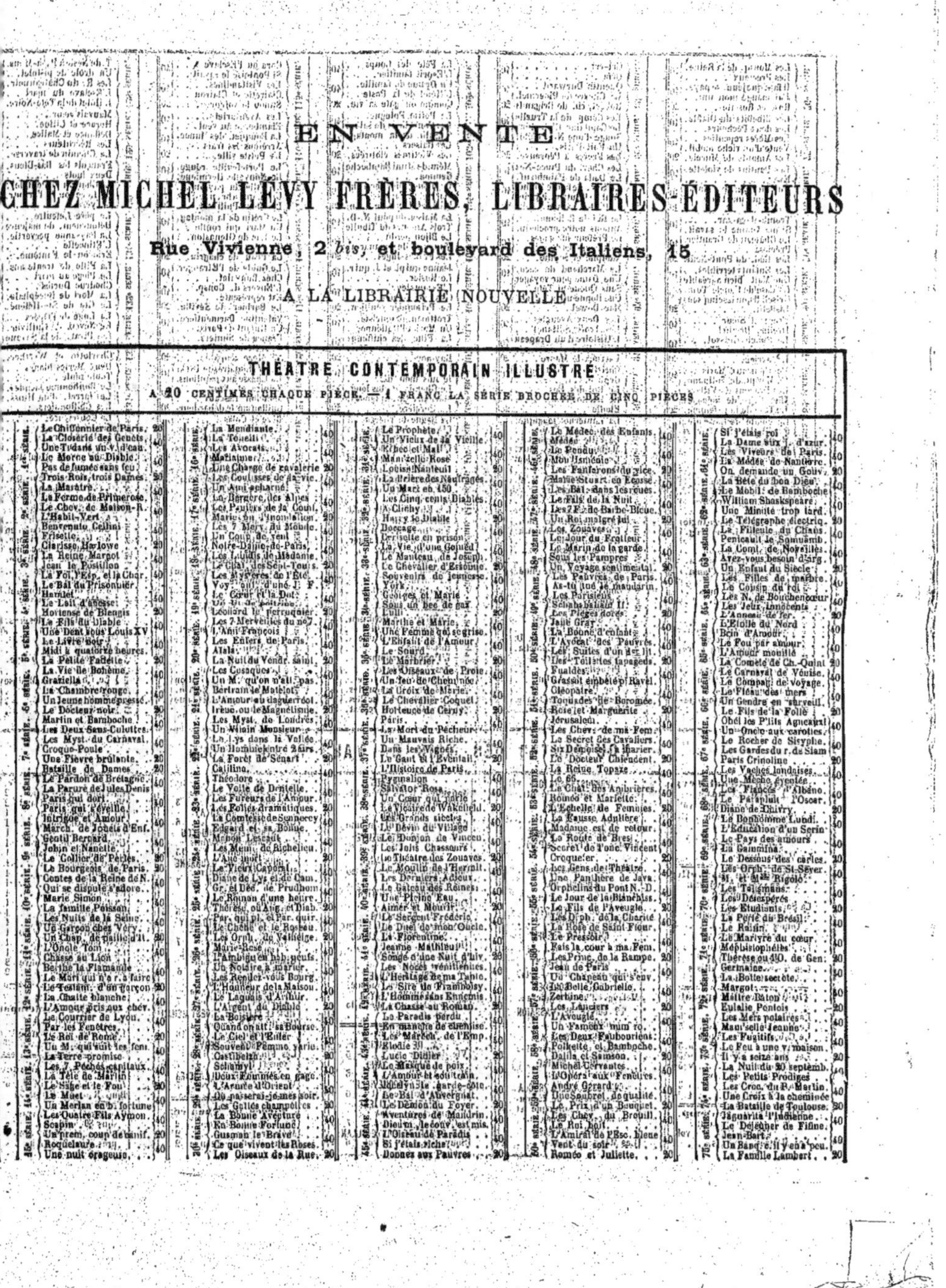

EN VENTE
CHEZ MICHEL LÉVY FRÈRES, LIBRAIRES-ÉDITEURS
Rue Vivienne, 2 bis, et boulevard des Italiens, 15
À LA LIBRAIRIE NOUVELLE

THÉÂTRE CONTEMPORAIN ILLUSTRÉ
À 20 CENTIMES CHAQUE PIÈCE — 1 FRANC LA SÉRIE BROCHÉE DE CINQ PIÈCES

Colonne 1

Titre	Prix
Le Chiffonnier de Paris	20
La Closerie des Genêts	40
Une T... dans un v. d'eau	40
Le Morne au Diable	40
Pas de fumée sans feu	40
Trois Rois, trois Dames	20
La Marâtre	40
La Ferme de Primerose	40
Le Chev. de Maison-R.	40
L'Habit-Vert	40
Benvenuto Cellini	40
Frisette	40
Clarisse Harlowe	20
La Reine Margot	40
Jean le Postillon	40
La Foi, l'Esp. et la Char.	40
Le Bal du Prisonnier	40
Hamlet	40
Le Lait d'ânesse	40
Hortense de Blengis	20
Le Fils du Diable	40
Une Dent sous Louis XV	40
Le Livre noir	40
Midi à quatorze heures	40
La Petite Fadette	20
La Vie de Bohème	40
Graziella	40
La Chambre rouge	40
Un Jeune homme pressé	40
Le Docteur noir	20
Martin et Bamboche	40
Les Deux Sans-Culottes	40
Les Myst. du Carnaval	40
Croque-Poule	40
Une Fièvre brûlante	20
Bataille de Dames	20
Le Pardon de Bretagne	40
La Parure de Jules Denis	40
Paris qui dort	40
Paris qui s'éveille	40
Intrigue et Amour	40
March. de Jouets d'Enf.	40
Gentil Bernard	40
John et Nanette	40
Le Collier de Perles	20
Le Bourgeois de Paris	40
Contes de la Reine de N.	40
Qui se dispute s'adore	40
Marie Simon	40
La famille Poisson	40
Les Nuits de la Seine	40
Un Garçon chez Véry	40
Un Chap. de paille d'It.	20
L'Oncle Tom	40
Chasse au Lion	40
Berthe la Flamande	40
Le Mari qui n'a r. à faire	40
Le Testam. d'un garçon	40
La Chatte blanche	40
L'Amour pris aux chev.	40
Le Courrier de Lyon	40
Par les Fenêtres	40
Le Roi de Rome	40
Un M. qui suit les fem.	40
La Terre promise	40
Les 7 Péchés capitaux	40
La Tête de Martin	40
La Sœur et le Fou	20
Le Muet	40
Un Merlan en b. fortune	40
Les Quatre Fils Aymon	40
Scapin	40
Un prem. coup de canif	20
Roquelaure	40
Une nuit orageuse	40

Colonne 2

Titre	Prix
La Mendiante	40
La Toilette	40
Les Avocats	40
Martinique	40
Une Charge de cavalerie	20
Les Coulisses de la vie	40
Un Ami écharné	40
La Bergère des Alpes	40
Les Pauvres de sa Conf.	40
Marie... à l'inondation	20
Les 7 Merv. du Monde	40
Un Coup de vent	40
Notre-Dame-de-Paris	40
Les Landis de Madame	40
Le Gial. des Sept-Tours	20
Les 3 Mercières de l'Été	40
Voy. autour d'une J. F.	40
Le Cœur et la Dot	40
Us... de Jérusalem	40
Léonard le ferrugineur	40
Les 7-Merveilles du no?	40
L'Ami François	40
Les Enfers de Paris	40
Atala	40
La Nuit du Vendr. saint	20
Les Cosaques	40
Un M. qu'on n'att. pas	40
Bertram et Matelot	40
L'Amour et la guar. dot	40
Les Myst. de Londres	20
Un Vilain Monsieur	40
Les lys dans la Vallée	40
Un Homme entre 2 airs	40
La Forêt de Sénart	40
Cajilina	40
Théodore	40
Le Voile de Dentelle	40
Les Fureurs de l'Amour	20
Les Orph. du Vallège	40
La Comtesse de Somnercy	40
Edgard et sa Bonne	40
Manon Lescaut	40
Les Mém. de Richelieu	40
L'Aïe muet	20
Le Vieux Caporal	40
Diane de Lys et de Cam.	40
Gr. et Déc. de F. Prudhom	20
Par qui pr. à Par. duir.	40
Le Chenil et le Roseau	40
Les Orph. du Vallège	40
Marie-Rose	40
L'Ambigu en b. neufs	40
Un Notaire à marier	40
Le Rendez-vous Bourg.	40
L'Honneur de la Maison	40
Les Laquais d'Arthur	40
L'Argent du Diable	20
La Boisière	40
Quand on att. la Bourse	40
Le Ciel et l'Enfer	40
Souvenir d'Femme marié	40
Castibelza	40
Schamyl	40
Deux Femmes en gage	40
L'Armée d'Orient	40
Un passe-rai-je un soir	40
Les Gelées champêtres	40
La Bonne Aventure	40
En Bonne Fortune	40
Gusman le Brave	40
Ce que vivent les Roses	40
Les Oiseaux de la Rue	20

Colonne 3

Titre	Prix
Le Prophète	40
Un Vieux de la Vieille	40
Kebec et Mal	40
Mam'zelle Rose	40
Louise Nanteuil	20
La Prière des Naufragés	40
Un Mari en 450	40
Les Cinq cents Diables	40
À Clichy	40
Harry le Diable	20
Doccage	40
Criselle en prison	40
La Vie d'une Gommé	40
Le Manteau de Joseph	40
Le Chevalier d'Essomme	20
Souvenirs de jeunesse	40
York	40
Georges et Marie	40
Sous un bec de gaz	40
Lulli	20
Marthe et Marie	40
Une Femme qui se grise	40
L'Enfant de l'Amour	40
Le Sourd	40
Le Marbrier	20
Les Oiseaux de Proie	40
Un feu de Cheminée	40
La Croix de Marie	40
Le Chevalier Coquet	40
Hortense de Cerny	20
Paris	40
La Mort du Pêcheur	40
Un Mauvais Riche	40
Dans les Vignes	40
Le Gant et l'Éventail	20
L'Histoire de Paris	40
Pygmalion	40
Salvator Rosa	40
Un Cœur qui parle	40
Le Vicaire de Wakefield	20
Les Grands siècles	40
Le Devin du Village	40
Le Donjon de Vincen.	40
Les Jolis Chasseurs	40
Le Théâtre des Zouaves	20
Le Moulin de l'Hermit.	40
Les Derniers Adieux	40
Le Gateau des Reines	40
Une Pleine Eau	40
Aimer et Mourir	20
Le Sergent Frédéric	40
Le Duc de mon Oncle	40
La Florentine	40
Jeanne Mathieu	40
Songe d'une Nuit d'hiv.	20
Les Noces vénitiennes	40
L'Héritage de ma Tante	40
Le Sire de Framboisy	40
L'Homme sans Ennemis	40
La Chasse au Roman	20
Le Paradis perdu	40
En manche de chemise	40
Les Maréch. de l'Emp.	40
Élodie	40
Lucie Didier	20
Le Masque de poix	40

Colonne 4

Titre	Prix
Le Médec. des Enfants	40
Médée	40
Le Pendu	40
Mon Isménie	40
Les Fanfarons du vice	20
Marie Stuart en Écosse	40
Les Bal... dans les rues	40
Le Fils de la Nuit	40
Les 7 F. de Barbe-Bleue	40
Un Roi malgré lui	20
Les Zouaves	40
Le Jour du Frotteur	40
Le Marin de la garde	40
Sous les Pampres	40
Un Voyage sentimental	20
Les Pauvres de Paris	40
As-tu tué le mandarin	40
Les Parisiens	40
Schahabaham II	40
Les Pièges dorés	20
Jane Gray	40
La Bonne d'enfant	40
L'Avocat des Pauvres	40
Les Suites d'un 1er lit	40
Les Toilettes tapagées	20
Fualdès	40
Grassot embêté p. Ravel	40
Cléopâtre	40
Toquades de Boromée	40
Rose et Marguerite	20
Jérusalem	40
Les Chev. de ma Fem.	40
Le Secret des Cavaliers	40
Six Demoise. à marier	40
Le Docteur Chiendent	20
La Reine Topaze	40
Le 66	40
Le Chat. des Ambrières	40
Roméo et Mariette	40
L'Échelle de Femmes	20
La Fausse Adultère	40
Madame est de retour	40
La Route de Brest	40
Secret de l'onc. Vincent	40
Croquefer	20
Les Gens de Théâtre	40
Une Panthère de Java	40
Orphelins du Pont N.-D.	40
Le Jour de la Blanchiss.	40
Le Fils de l'Aveugle	20
Les D. ph. de la Charité	40
La Rose de Saint-Flour	40
Le Pressoir	40
Fais la cour à ma Fem.	40
Les Princ. de la Rampe	20
Jean de Paris	40
Un Chapeau qui s'env.	40
La Belle Gabrielle	40
Zerline	40
Les Lanciers	20
L'Aveugle	40
Un Fameux num'ro	40
Les Deux Faubouriens	40
Polkette et Bamboche	40
Dalila et Samson	20
Michel Cervantes	40
L'Opéra aux Fenêtres	40
André Gérard	40
Duosaubret. de qualité	40
Les Chev. du Brouil.	40
Le Roi Nul	40
L'Amiral de l'Esc. bleue	40
Vent du soir	40
Roméo et Juliette	20

Colonne 5

Titre	Prix
Si j'étais roi	40
La Dame aux j. d'azur	40
Les Viveurs de Paris	40
La Médée de Nanterre	40
On demande un Gouv.	20
La Bête du bon Dieu	40
Le Mobil. de Bamboche	40
William Shakspeare	40
Une Minute trop tard	40
Le Télégraphe électriq.	20
La Filleule du Chaos	40
Penicault le Somnamb.	40
La Comt. de Noyelles	40
Avez-vous besoin d'arg.	40
Un Enfant du Siècle	20
Les Filles de marbre	40
Le Cousin du roi	40
Les N. de Bouchencœur	40
Les Jeux innocents	40
L'Anneau de fer	20
L'Étoile du Nord	40
Brin d'Amour	40
Le Fou par amour	40
L'Amour mouillé	40
La Comète de Ch.-Quint	20
Le Carnaval de Venise	40
Le Compag. de voyage	40
Le Fléau des mers	40
Un Gendre en surveil.	40
Le Fils de la Folie	20
Obéi les P'tits Agneaux	40
Un Oncle aux carottes	40
Le Rocher de Sisyphe	40
Les Gardes du r. de Siam	40
Paris Crinoline	20
Les Vaches landaises	40
Une Mèche éventée	40
Les Fiancés d'Albano	40
Le Parapluie d'Oscar	40
Diane de Thivry	20
Le Bonhomme Lundi	40
L'Éducation d'un Serin	40
Le Pays des amours	40
La Gammina	40
Le Dessous des cartes	20
Les Orph. de St-Séver	40
M. et Mme Rigolo	40
Les Talismans	40
Les Désespérés	40
Les Étudiants	20
La Perle du Brésil	40
Le Raisin	40
Le Martyre du cœur	40
Méphistophélès	40
Thérèse ou l'O. de Gen.	20
Germaine	40
La Botte secrète	40
Margot	40
Maître Baton	40
Eulalie Pontois	20
Les Mers polaires	40
Mam'selle Jeanne	40
Les Fugitifs	40
Le Feu à une v. maison	40
Il y a seize ans	20
La Nuit du 30 septemb.	40
Les Petits Prodiges	40
Les Croc. du R. Martin	40
Une Croix à la cheminée	40
La Bataille de Toulouse	30
Jaguarita l'Indienne	40
Le Déjeuner de Fifine	40
Jean-Bart	40
Un Banq... il y en a peu	40
La Famille Lambert	20

76e SÉRIE.	Les Mousq. de la Reine.	40
	Les Préc eux	
	Il faut que jeun. se paye.	40
	J'ai mangé mon ami.	
	Rose et Rosette	20
77e SÉRIE.	Les Bibelots du Diable.	40
	Les deux Pêcheurs.	
	Les Mères repenties	40
	Vente d'un riche mobil.	
	Les Amants de Murcie.	20
78e SÉRIE.	Les Pantins de violette.	40
	Eva	
	Turlutaiq, chap. pointu.	40
	Je croque ma tante	
	Calas.	20
79e SÉRIE.	Tromb-al-ca-zar.	40
	Si ma femme le savait.	
	Le Château de Grantier.	40
	Préciosa	
	Les Rôl. du Pont-Neuf.	20
80e SÉRIE.	Les Enfants terribles.	40
	Une Nuit bien agréable	
	La Case de l'oncle Tom.	40
	Griselidis, ou les cinq sens	
	Lisbeth.	20
81e SÉRIE.	Frère et Sœur	40
	Drelin! Drelin!	
	Le Punch Grassot.	40
	Monsieur mon fils.	
	L'Ouvrier.	20
82e SÉRIE.	Le Clou aux Maris	40
	La Marqu. de Tulipano.	
	Les Dragons de Villars.	40
	Une Crise de ménage.	
	Le Test. de la p. femme.	20
83e SÉRIE.	Le comte de Lavernie.	40
	5 gaill. dont 2 gaillardes	
	Martha.	40
	Plus on est de fous	
	Le Père de famille.	20
84e SÉRIE.	Faust.	40
	La Perdrix rouge.	
	Maurice de Saxe	40
	Anguille sous roche.	
	La Vendetta	20
85e SÉRIE.	Les Ducs de Normandie	40
	Une Temp. d. une Baig.	
	Cartouche.	40
	Un Mari d'occasion	
	La Fiancée de Lamm.	20
86e SÉRIE.	La Demoiselle d'honn.	40
	Entre hommes.	
	L'École des Ménages.	40
	Le Tueur de lions.	
	Othello.	20
87e SÉRIE.	Paris s'amuse.	40
	Soufflez-moi dans l'œil.	
	Le Maître d'École.	40
	L'Inventeur de la poudre	
	Gaëtan il Mammone.	20
88e SÉRIE.	Les Grands Vassaux.	40
	Le Dîner de Madelon.	
	Fanfan la Tulipe	40
	Pan, pan, c'est la fortune	
	Le Diamant.	20

89e SÉRIE.	Cri-cri	40
	Orta	
	Quentin Durward	40
	La Chèvre de Ploermel.	
	Robert, ch. de Brigands	20
90e SÉRIE.	Les Comp. de la Truelle	40
	Le Capitaine Chérubin.	
	Songe d'une Nuit d'été.	40
	Un Fait-Paris.	
	Les Frères à l'épreuve.	20
91e SÉRIE.	Les Chev. du Pince-Nez	40
	Le Dada de Painbœuf.	
	Le Sév. de la rue Quinc.	40
	Taut ça l'Autruc. à l'eau.	
	Le Philos. sans le savoir.	30
92e SÉRIE.	Le Roi de Bohème.	40
	Aimons notre prochain.	
	Le Prêteur sur gages.	40
	Le Chev. des Dames.	
	Adolphe et Sophie.	20
93e SÉRIE.	Le Marchand de coco.	40
	Une Dame pour voyager	
	Sans Queue ni Tête.	40
	Une Bonne pour t. faire.	
	Mac Dowel.	20
94e SÉRIE.	Les Deux Aveugles	40
	Les Trois Sultanes	
	L'Histoire d'un Drapeau	40
	L'Ut dièze.	
	Farruck le Maure.	20
95e SÉRIE.	Christine à Fontainebl.	40
	Orphée.	
	Le Roi des Iles.	40
	Le Paletot brun.	
	Elodie	20
96e SÉRIE.	La Lanterne magique.	40
	L'Avocat du Diable.	
	La Fille du Tintoret.	40
	Madame est aux eaux.	
	Le Colonel et le Soldat	20
97e SÉRIE.	Fanchette.	40
	Otez votre fille, S. V. P.	
	Compère Guillery	40
	M. de Bonne-Etoile.	
	Françoise de Rimini	20
98e SÉRIE.	Le Jugement de Dieu.	40
	L'Omelette de Niagara.	
	Le Sang mêlé.	40
	Le Petit Cousin	
	Le Pied de mouton.	20
99e SÉRIE.	La Mère du Condamné.	40
	C'était Moi.	
	Charles VI	40
	Je m'marie Victoire	
	La Suédoise.	20
100e SÉRIE.	La Sirène de Paris	40
	Le Sou de Lise.	
	Fils de la B. ou B.-D.	40
	La Veuve au Camélia.	
	La Bague de fer.	20
101e SÉRIE.	Pianella	40
	L'École des Arthur	
	Une Pécheresse	40
	Feu le Capitaine Octave.	
	La Forêt périlleuse	20

102e SÉRIE.	La Fête des Loups	40
	L'Esprit familier.	
	Un Drame de famille.	40
	L'Hôtel de la Poste.	
	Comme on gâte sa vie.	20
103e SÉRIE.	La Petite Pologne.	40
	Les Comédiens de salon.	
	Gentilh. de la montag.	40
	Les Baisers.	
	Les Victimes cloîtrées.	20
104e SÉRIE.	Mém. de Mimi Bamboche	40
	Gemma.	
	Les Bourgeois-Gentilsh.	40
	Matelot et Fantassin.	
	Richard Cœur de Lion.	20
105e SÉRIE.	La Maison du pont N.-D.	40
	Trois Amours de Tibulle	
	Le Bijou perdu	40
	Voy. aut. de ma marm.	
	Les Francs-Juges.	20
106e SÉRIE.	Jeanne qui pl. et J. qui r.	40
	Le Rosier.	
	L'Escamoteur.	40
	C'est ma femme.	
	Le Prisonnier vénitien.	20
107e SÉRIE.	Trottman, le touriste.	40
	Un Mari à l'Italienne.	
	La Fille des chiffoun.	40
	Sourd comme un pot.	
	Raymond.	20
108e SÉRIE.	Gil-Blas.	40
	Je suis mon fils.	
	Le Chemin le plus long.	40
	Mari aux Champignons.	
	La Sorcière.	20
109e SÉRIE.	La Bague de Thérèse.	40
	L'Amour du Trapèze.	
	Marg. de Ste-Gemme.	40
	L'Habit de Mylord	
	La Cab. de Montairard	20
110e SÉRIE.	Le Batail. de la Moselle	40
	Le Jeune hom. au riflard	
	Oh! la lai que c'est bête.	40
	Après deux ans	
	Les Étouffeurs de Lond.	20
111e SÉRIE.	Maris me font touj. rire.	40
	Une Ombrelle comprom.	
	Les Gueux de Béranger.	40
	La Grotte d'azur.	
	Fénelon.	20
112e SÉRIE.	Alceste.	40
	La Balançoire.	
	L'Ange de Minuit	40
	Les Deux Cadis	
	Palmécin.	20
113e SÉRIE.	Un Diman. à Robinson.	40
	Monsieur votre fille	
	La Beauté du Diable.	40
	Rosemonde	
	L'Honnête criminel	20
114e SÉRIE.	Les deux Veuves	40
	Alexandre chez Apelles.	
	Les Danses nationales.	40
	Le Gardien des scellés.	
	Misanthropie et repent.	20

115e SÉRIE.	Cora ou l'Esclave	40
	Si Pontoise le savait	
	Les Visitandines.	40
	Clairette et Clairon	
	Simon le voleur.	20
116e SÉRIE.	Les Aventuriers.	40
	Flamberge au vent.	
	La Bouquet. des Innoc.	40
	Arrêtons les frais	
	La Petite ville.	20
117e SÉRIE.	Le Portefeuille rouge.	40
	La Nouvelle Hermione.	
	La Fille du paysan.	40
	Un M. qui a br. une dam.	
	Les Deux Philibert.	20
118e SÉRIE.	Le Crétin de la montag.	40
	Un Mari qui ronfle.	
	Le Lac de Glenaston.	40
	Chapitre V.	
	La Peau de chagrin.	20
119e SÉRIE.	Le Guide de l'Etranger.	40
	Chez Bonvalet.	
	L'Envers d. Consp.	40
	Est représenté.	
	Le Barbier de Séville.	20
120e SÉRIE.	Valentine Darmentière.	40
	Un Enfant de Paris.	
	France de Simiers.	40
	Ce scélérat de Poireau.	
	La Mère coupable.	20
121e SÉRIE.	Les Volontaires de 1814.	40
	La Chasse aux papillons.	
	Zémire et Azor.	40
	Madelon Lescaut	
	Guillaume le débardeur.	20
122e SÉRIE.	Rose et Colas	40
	Un hom. qui a p. son dé.	
	La Dame de Trèfle.	40
	Un Carnav. de troupiers	
	Le Maréchal Ney	20
123e SÉRIE.	La Servante maîtresse.	40
	L'Homme qui a vécu.	
	Les Mys. du Temple.	40
	Vercingétorix	
	Le Bouqu. de Violettes.	20
124e SÉRIE.	Les fausses bonnes fem.	40
	Matapan	
	Les Étrangl. de l'Inde.	40
	P'tit fils, p'tit mignon.	
	Henriette Deschamps.	20
125e SÉRIE.	La Dame de Monsoreau	40
	L'Écumoire.	
	Bonaparte.	40
	Cocatrix.	
	La Prise de Caprée	20
126e SÉRIE.	Philidor	40
	1 heure avant l'ouvert.	
	Les Fous	40
	Ya-Mein-Herr.	
	Eugénie.	20
127e SÉRIE.	Les Belles de nuit.	40
	Un j. homme en location	
	Le Mariage de Figaro.	40
	Les Jours gr. de Madame	
	Marceau	20

128e SÉRIE.	T. de Nesleh P.-à-Mous.	40
	Un drôle de pistolet.	
	Les R. du Château noir	40
	L'Esclave du nmri	
	L'Hôtel de la Tête-Noire.	20
129e SÉRIE.	Mauvais cœur	40
	Horace et Lilinc	
	Les Recruteurs	40
	Le Chemin de traverse.	20
130e SÉRIE.	François les Bas-Bleus.	40
	Deux mois	
	Le Château de Pontabel	40
	Le Lorgnon de l'amour	
	Bruyère	20
131e SÉRIE.	Le père Lefeutre	40
	Détournem. de majeure	
	La Paysanne pervertie	40
	L'Étincelle	
	Eric ou le Faulône.	20
132e SÉRIE.	La Fille de trente ans.	40
	Le Piège au mari	
	Chodruc Duclos	40
	La Mort de Bucéphale.	
	Le Cte de Ste-Hélène.	20
133e SÉRIE.	La Loge de l'Opéra	40
	Le Neveu de Gulliver.	
	Les Pirat. de la Savane	40
	L'Enlèvement d'Hélène.	
	Charlotte et Werther.	20
134e SÉRIE.	Deux Merles blancs	40
	Toute seule	
	Le Bonhomme Jacques.	40
	Les Jarret. d'un Huiss.	
	Les Chiffonniers.	20
135e SÉRIE.	La Conscience	40
	Chassé-Croisé	
	Le Pays latin	40
	Cor et Amour	
	Habit, veste et culotte.	20
136e SÉRIE.	L'Otage	40
	Une Dette de jeunesse.	
	La Queue de la poêle.	40
	Bredouille.	
	Le bonhomme Richard.	20
137e SÉRIE.	Le Roman comique	40
	Quand on v. t. son chien	
	Un Usurier de village.	40
	Turlututu et Cascarine.	
	La Taverne du diable.	30
138e SÉRIE.	Les Diables roses	40
	L'Écureuil	
	3 Fils de Cadet Roussel.	40
	La Mort de Socrate.	
	Macbeth	20
139e SÉRIE.	Le Boulang. a des écus.	40
	Job et son chien.	
	L'Africain	40
	Bibi	
	La Sonnette du Diable.	20
140e SÉRIE.	Cendrillon	40
	Le Chalet de la Méduse.	
	La Voie sacrée.	40
	M. Prosper.	
	Le Guerillas	20

BIBLIOTHÈQUE CONTEMPORAINE ET COLLECTION DE LA LIBRAIRIE NOUVELLE
Format grand in-18, à 3 francs le volume

EDMOND ABOUT — vol.
Lettres d'un bon jeune homme à sa cousine. — 2e édition. 1
Dernières lettres d'un bon jeune homme à sa cousine. 1

AMÉDÉE ACHARD
Les Châteaux en Espagne. 1
Les Rêveurs de Paris. 1

***
Morale. — Politique. — Littérature. 5

ALFRED ASSOLLANT
Heure en Heure. 1

XAVIER AUBRYET
Les Jugements nouveaux. 1

***
Les Zouaves et les Chasseurs à pied. 1

L'AUTEUR
Des études sur la marine. Guerre d'Amérique. — Campagne du Potomac. 1

J. AUTRAN
Épîtres rustiques. 1
Laboureurs et soldats. 1
Les Poëmes de la mer. 1
La Vie rurale. 1

LE COMTE CÉSAR BALBO
Traduction J. Amigue
Histoire d'Italie. 2

J. BARBEY D'AUREVILLY
Les Prophètes du passé. 1

ALEXANDRE BARBIER
Lettres familières sur la Littérature. 1

J. BARTHÉLEMY SAINT-HILAIRE
Lettres sur l'Égypte. 1

CH. BATAILLE ET RASETTI
Antoine Quérard. — Drames de village. 2

L. BAUDENS
La Guerre de Crimée. 1

GUSTAVE DE BEAUMONT
L'Irlande sociale, politique et religieuse. 2

ROGER DE BEAUVOIR
Les Meilleurs fruits de mon panier. 1

LA PRINC. DE BELGIOJOSO
Asie Mineure et Syrie. 1
Scènes de la vie turque. 1

GEORGES BELL
Voyage en Chine. 1

LE MARQ. DE BELLOY
Traducteur
Théâtre comp. de Térence. 1

HECTOR BERLIOZ
Grotesques de la musique. 1
Les Soirées de l'orchestre. 1
A travers chants. 1

CHARLES DE BERNARD
Nouvelles et Mélanges. 1
Poésies et Théâtre. 1

EUGÈNE BERTHOUD
Un Baiser mortel. 1
Secret de Femmes. 1

H. BLAZE DE BURY
Le Chevalier de Chasot. 1
Écrivains et Poètes de l'Allemagne. 1
Épisode de l'Histoire du Hanovre. — 2e édition. 1
Intermèdes et Poëmes. 1
Souvenirs et Récits des campagnes d'Autriche. 1

***
Hommes du Jour. — 2e édit. 1
Les Salons de Vienne et de Berlin. 1

JULES BONNET
Aonio Paléario. — Étude sur la réforme en Italie. 1

LOUIS BOUILHET
Poésies. — Festons et Astragales. 1

FÉLIX BOVET
Voyage en Terre sainte. 1

A. BRIZEUX
Œuvres complètes. 1

LE PRINCE DE BROGLIE
Questions de religion et d'histoire. 1

AUGUSTE CALLET
L'Enfer. 1

J. DE CÉNAR (CARNÉ)
Pécheurs et Pécheresses. 1

CLÉMENT CARAGUEL
Les Soirées de Taverny. 1

MICHEL CERVANTES
Traduction Alph. Royer
Théâtre. 1

CHAMPFLEURY — vol.
Contes Vieux et Nouveaux. 1
Les Excentriques. — 2e édit. 1
Mascarade de la vie paris. 1

A. CHARGUÉRAUD
Les Bâtards célèbres. 1

PHILARÈTE CHASLES
Souvenirs d'un médecin. 1

LE Cte DE CHEVIGNÉ
Contes rémois. — 4e édit. 1

F. CLAUDE
Les Psaumes. 1
Le Roman de l'Amour. 1

LOUISE COLLET
Lui. — 3e édition. 1

EUGÈNE CORDIER
Le Livre d'Ulrich. 1

H. CORNE
Souvenirs d'un Proscrit. 1

CHARLES DE COURCY
Les Hist. du café de Paris. 1

VICTOR COUSIN
Philosophie de Kant. 1
Philosophie écossaise. 1
Philosophie sensualiste. 1

CUVILLIER-FLEURY
Études hist. et littéraires. 2
Nouvelles études historiques et littéraires. 1
Dernières études historiques et littéraires. 1
Historiens, poëtes et romanciers. 2
Voyages et voyageurs. 1

LE GÉNÉRAL DAUMAS
Les Chevaux du Sahara. 1

PAUL DELTUF
Contes romanesques. 1
Récits dramatiques. 1

A. DESBARROLLES
Voy. d'un artiste en Suisse à 3 fr. 50 c. par jour. 1

ÉMILE DESCHANEL
Causeries de quinzaine. 1
Christophe Colomb. 1

CHARLES DOLLFUS
Lettres philosophiques. 1
Révélations et Révélateurs. 1

MAXIME DU CAMP
Expédition de Sicile. 1

E. DUFOUR
Les Grimpeurs des Alpes. 1

BENJAMIN DULAC
Une Aurore boréale. 1

ALEXANDRE DUMAS
Les Garibaldiens. 1
Théâtre, tome I à V. 5

ALEX. DUMAS FILS
Contes et Nouvelles. 1

CAMILLE DUTRIPON
Edmée. 1

CHARLES EDMOND
Souvenirs d'un dépaysé. 1

MADAME ELLIOTT
Mém. sur la Révol. franç. 1

FEUILLET DE CONCHES
Léopold Robert. 1

OCTAVE FEUILLET
Bellah. 1
La Petite Comtesse. 1
Histoire de Sibylle. 1
Le Roman d'un jeune homme pauvre. 1
Scènes et Comédies. 1
Scènes et Proverbes. 1

PAUL FÉVAL
Quatre femmes et un homme. — 2e édition. 1

ERNEST FEYDEAU
Alger. — Étude. 1
Un Début à l'Opéra. 1
Le Mari de la danseuse. 1
Monsieur de Saint-Bertrand. 1

LOUIS FIGUIER
Les Eaux de Paris. 1

GUSTAVE FLAUBERT
Madame Bovary. 1

EUGÈNE FORCADE
Études historiques. 1
Histoire des causes de la guerre d'Orient. 1

VICTOR FRANCONI
Le Cavalier. 1
L'Écuyer. 1

ARNOULD FRÉMY
Les Mœurs de notre temps. 1

EUGÈNE FROMENTIN
Une Année dans le Sahel. 1
Un Été dans le Sahara. 1

LÉOPOLD DE GAILLARD
Questions italiennes. 1

P. GARREAU
Essais sur les premiers principes des sociétés. 1

AGÉNOR DE GASPARIN
Le Bonheur. — 2e édition. 1

Un Grand Peuple qui se relève. — 2e édition. 1

***
Les Horizons célestes. — 1
Les Horizons prochains. — 1
Vesper. 1
Les Tristesses humaines. 1

BENJAMIN GASTINEAU
Les Femmes des Césars. 1

JULES GÉRARD
Le Tueur de Lions
Voyages et Chasses dans l'Himalaya. 1

LÉON GOZLAN
Balzac chez lui. 1
Histoire d'un diamant. 1

GRÉGOROVIUS
Traduction de F. Sabatier
Les Tombeaux des papes romains. 1

F. DE GROISEILLIEZ
Les Cosaques de la Bourse. 1
Histoire de la chute de Louis-Philippe. 1

AD. GUÉROULT
Études de politique et de philosophie religieuse. 1

AMÉDÉE GUILLEMIN
Les Mondes. Causeries astronomiques. 1

M. GUIZOT
Trois générations : 1789-1814-1848. 1

LE Cte cur DE CHARNACÉ
Études d'économie rurale. 1

F. HALÉVY
Souvenirs et Portraits. 1
Derniers souv. et portraits. 1

B. HAURÉAU
Singularités hist. et littér. 1

LE Cte D'HAUSSONVILLE
Histoire de la politique extérieure 1830-1848. 2
Histoire de la réunion de la Lorraine à la France. 4

***
Robert Emmet. — 2e édit. 1
Souvenirs d'une demoiselle d'honneur de la duchesse de Bourgogne. — 2e édit. 1

HENRI HEINE
De la France. — Nouv. éd. 1
De l'Allemagne. 6
Lutèce. 1
Poëmes et Légendes. 1
Reisebilder, tabl. de voyage. 2

CAMILLE BERRU
Le Roman d'une femme laide. — 2e édition. 1
Une Nouvelle Madeleine. 1

HOFFMANN
Traduction Champfleury
Contes posthumes. 1

ROBERT HOUDIN
Confid. d'un prestidigit. 2

ARSÈNE HOUSSAYE
Mademoiselle Mariani. 1

CHARLES HUGO
Une Famille tragique. 1

UN INCONNU
Mons. X et Madame ***. 1

WASHINGTON IRVING
Au bord de la Tamise. 1

ALFRED JACOBS
L'Océanie nouvelle. 1

PAUL JANET
La Famille. 1

LOUIS JOURDAN
Les Fem. der. l'echafaud. 1

JULES JANIN
Barnave. — Nouv. édit. 1
Les Contes du chalet. 1
Contes fantastiques et contes littéraires. 1
Hist. de la litt. dramat. 6

KARL-DES-MONTS
Les Légendes des Pyrénées. — 4e édition. 1

ALPHONSE KARR
De Loin et de Près. 1
En fumant. — 2e édition. 1
Lett. écrites de mon jardin. 1
Sur la plage. 1

LA BRUYÈRE
Les Caractères. 1

LAMARTINE
Les Confidences. 1
Geneviève, Histoire d'une Servante. 1
Nouvelles Confidences. 1
Toussaint Louverture. 1

PRINCE DE LA MOSKOWA
Souvenirs et Récits. 1

LANFREY
Les Lettres d'Everard. 1

VICTOR DE LAPRADE
Poëmes évangéliques. 1

Psyché. 1
Les Symphonies. — Idylles héroïques. 1

FERD. DE LASTEYRIE
Les Travaux de Paris. 1

DE LATENA
Étude de l'homme. 2

ÉM. DE LATHUILADE
De la Dignité humaine. 1

ANTOINE DE LATOUR
L'Espagne relig. et littér. 1
Études sur l'Espagne. 2
La Baie de Cadix. 1
Tolède et les bords du Tage. 1

CH. DE LA VARENNE
Victor-Emmanuel II et le Piémont. 1

CH. LAVOLLÉE
La Chine contemporaine. 1

ERNEST LEGOUVÉ
Lectures à l'Académie. 1

JOHN LEMOINNE
Études critiques et biographiques. 1
Nouvelles études critiques et biographiques. 1

CH. LIADIÈRES
Œuvres dramatiques et Légendes. 1
Souvenirs historiques et parlementaires. 1

FRANZ LISZT
Des Bohémiens et de leur musique en Hongrie. 1

LE ROI LOUIS-PHILIPPE
Mon Journal. — Événements de 1815. 2

LE VICOMTE DE LUDRE
Dix années de la cour de Georges II. 1

CHARLES MAGNIN
Histoire des Marionnettes. 1

FÉLICIEN MALLEFILLE
Le Collier. 1

HECTOR MALOT
Les Amours de Jacques. 1
Les Victimes d'amour. 1
La vie moderne en Anglet. 1

AUGUSTE MAQUET
Les Vertes-Feuilles. 1

LE Cte DE MARCELLUS
Chants populaires de la Grèce moderne. 1

CH. DE MAZADE
L'Italie moderne. 1
La Pologne contemporaine. 1

ÉM. DU MÉRAC
Placide de Javerny. 1

MERCIER
Tabl. de Paris. Nouv. éd. 1

PROSPER MÉRIMÉE
Les Deux Héritages. 1
Épisode de l'Histoire de Russie. 1
Étud. sur l'Hist. romaine. 1
Mélanges hist. et littér. 1
Nouvelles. — 4e édition. 1

MÉRY
Un Crime inconnu. 1
Monsieur Auguste. 2e éd. 1
Les Nuits espagnoles. 1
Poésies intimes. 1
Théâtre de salon. — 2e édit. 1
Ursule. 1

ÉDOUARD MEYER
Contes de la mer Baltique. 1

L'ABBÉ TH. MITRAUD
De la Nature des Sociétés humaines. 1

CÉLESTE MOGADOR
Mémoires complets. 4

PAUL DE MOLÈNES
L'Amant et l'Enfant. 1
Aventures du temps passé. 1
Le Bonheur des Maigc. 1
Caract. et Récits du temps. 1
Comment d'un soldat. 1
La Folie de l'Épée. 1
Histoires sentim. et milit. 1

CHARLES MONSELET
L'Argent maudit. 1
La Franc-Maçonnerie des Femmes. 1
Les galanteries du XVIIIe siècle. 1

HENRY MURGER
Les Nuits d'hiver. — Poésies complètes. 1

PAUL DE MUSSET
Un Maître inconnu. 1

NADAR
La Robe de Déjanire. 1

LA COMT. NATHALIE
La Villa Galietta. 1

CHARLES NISARD — vol.
Mémoires et correspondances hist. et littér. inédits, 1726 à 1816.

D. NISARD
Études de critique littér. 1
Études d'histoire et littér. 1
Étud. sur la Renaissance. 1
Souvenirs de voyages. 1

LE VICOMTE DE NOÉ
Les Bachi-Bouzoucks et les chasseurs d'Afrique. 1

TH. PAVIE
Récits de terre et de mer. 1
Scènes et Récits des pays d'outre-mer. 1

L. DE PESQUIDOUX
L'École anglaise (1672-1851). 1
Voyage artist. en France. 1

A. PEYRAT
Études hist. et religieuses. 1
Histoire et Religion. 1

LAURENT PICHAT
Cartes sur table. — Nouv. 1
La Sibylle. 1

AMÉDÉE PICHOT
Sir Charles Bell. 1

GUSTAVE PLANCHE
Études littéraires. 1
Études sur l'école franç. 2
Études sur les arts. 1

ÉDOUARD PLOUVIER
La Belle aux cheveux bleus. — 2e édition. 1

F. PONSARD
Études antiques. 1
Théâtre complet. — 3e édit. 1

A. DE PONTMARTIN
Causeries littéraires. 1
Nouvelles Causeries litter. 1
Dern. Causeries littér. 1
Causeries du samedi. 1
Nouv. Causeries du samedi. 1
Dern. Causeries du samedi. 1
Le Fond de la coupe. 1
Les Jeudis de madame Charbonneau. 1
Les Semaines littéraires. 1
Nouv. semaines littéraires. 1

EUGÈNE POUJADE
Le Liban et la Syrie. 1

VICTOR POUPIN
Un Mariage entre buttle. 1

PRÉVOST-PARADOL
Elisabeth et Henri IV. 1
Essais de politique et de littérature. (2e série.). 1
Quelques pages d'Histoire contemporaine. — Lettres politiques. 1

F. PUAUX
Hist. de la Réform. franç. 6

LOUIS RATISBONNE
L'Enfer du Dante. 2
Le Paradis du Dante. 1
Le Purgatoire du Dante. 1
Impressions littéraires. 1
Morts et Vivants. 1

PAUL DE RÉMUSAT
Les Sciences naturelles. 1

LOUIS REYBAUD
La Comtesse de Mauléon. 1
Jérôme Paturot à la recherche d'une position sociale. 1
Jérôme Paturot à la recherche de la meilleure des républiques. 1
Nouvelles. 1
Romans. 1
Scènes de la vie moderne. 1
La Vie à rebours. 1
La Vie de corsaire. 1
La Vie de l'employé. 1

CHARLES REYNAUD
Œuvres inédites. 1

HENRI RIVIÈRE
La Main coupée. 1

AMÉDÉE ROLLAND
Les Fils de Tantale. 1
La Foire aux mariages. 1

VICTORINE ROSTAND
Au bord de la Saône. 1

JEAN ROUSSEAU
Les coups d'épée dans l'eau. 1
Paris dansant. — 2e édit. 1

C. A. SAINTE-BEUVE
Nouveaux lundis. 2

ST-RENÉ TAILLANDIER
Allemagne et Russie. 1
La Comtesse d'Albany. 1
Hist. et Philos. religieuse. 1
Lettres inéd. de Sismondi. 1
Littérature étrangère. 1
Écriv. et poètes modern. 1

GEORGE SAND — vol.
André. 1
Antonia. 1
Constance Verrier. 1
Elle et Lui. 1
La Famille de Germandre. 1
François le Champi. 1
Indiana. 1
Jean de la Roche. 1
Lettres d'un voyageur. 1
Mademoiselle la Quintinie. 1
Les Maîtres Mosaïstes. 1
La Mare au Diable. 1
Le Marquis de Villemer. 1
Mauprat. 1
Mont-Revêche. 1
Nouvelles. 1
La Petite Fadette. 1
Tamaris. 1
Valentine. 1
Valvèdre. 1
La Ville noire. 1

MAURICE SAND
Six mille lieues à toute vapeur. 1

JULES SANDEAU
Un Début dans la magistrature. 1
La Maison de Penarvan. 1

FRANCISQUE SARCEY
Le Mot et la chose. 1

EDMOND SCHERER
Études critiques sur la littérature contemporaine. 1

FERNAND SCHICKLER
En Orient. 1

EUGÈNE SCRIBE
Historiettes et Proverbes. 1
Nouvelles. 1

WILLIAM N. SENIOR
La Turquie contemporaine. 1

DE STENDHAL
De l'Amour. — Seule édition complète. 1
La Chartreuse de Parme. 1
Chroniques italiennes. 1
Correspondance inédite. 2
Histoire de la peinture en Italie. 1
Mém. d'un touriste. vol. 2
Nouvelles inédites. 1
Promenades dans Rome. 2
Racine et Shakspeare. 1
Romans et Nouvelles. 1
Rome, Naples et Florence. 1
Le Rouge et le Noir. 1
Vie de Rossini. 1
Vies de Haydn, de Mozart et de Métastase. 1

DANIEL STERN
Florence et Turin. 1

MATHILDE STEV...
Le Oui et le Non des femmes. 1

EDMOND TEXIER
Contes et Voyages. 1
Critiques et Récits littér. 1

CH. THIERRY-MEG
Six semaines en Afrique. 1
Hist. des ateliers nationaux. 1

TIRSO DE MOLINA
Théâtre. — Traduit par Alphonse Royer. 1

MARIO UCHARD
Le mariage de Gertrude. 1
Raymon. — 2e édition. 1

E. DE VALBEZEN
La Malle de l'Inde. 1
Récits d'hier et d'aujourd'hui. 1

AUGUSTE VACQUERIE
Profils et Grimaces. 1

OSCAR DE VALLÉE
Les Manieurs d'argent. 1

MAX VALREY
Ces Pauvres Femmes ! 1
Les Victimes du mariage. 1

THÉODORE VERNES
Naples et les Napolitains. 1

ALFRED DE VIGNY
Cinq-Mars. 1

SAMUEL VINCENT
Méditations religieuses. 1
Protestantisme en France. 1

LÉON VINGTAIN
De la Liberté de la presse. 1
Vie publique de Royer-Collard. 1

L. VITET
Essais historiques et litt. 1
La Ligue. Scènes histor. 2

RICHARD WAGNER
4 poèmes d'opéras allem. 1

FRANCIS WEY
Christian (roman inédit). 1

E. YEMENIZ
La Grèce moderne. — Héros et Poètes. 1